ぜんぶ、無印良品で暮らしています。

「無印良品の家」大使の住まいレポート

藤田あみい

はじめに

全国・全世界のムジラー、無印良品ファンの皆さま。インテリア・住宅・収納ファンの皆さま。どれにも当てはまらない皆さま。ご機嫌いかがでしょうか。

無印良品のウェブサイト内に設置された「ぜんぶ、無印良品で暮らしています。～三鷹の家大使の住まいレポート～」というブログを執筆している、あみいちゃんです。ごく平凡な主婦である私が、本を発売することになったその理由は、無印良品がつくる家、その名も「無印良品の家」に、モニターとして2年間無料で住まう権利に当選したからでございます。

どういうわけか、特段特徴もない私たち夫婦が、57、884人の方の住みたい宣言、そして、5、533組の本応募をかいくぐり、「2年間、無印良品の家で、無印良品のものに囲まれながら暮らす様を、ブログにてレポートせよ！」という使命を仰せ仕ったわけです。人生最大のアメージングです。

ということは、要するにブログ本だね、と思われますでしょうが、この2年間、ただ単に暮らしていたわけではありません。無印良品の家の性能を探るべく、私たちはさまざまな実験・模様替え・快適な暮らしの追求を試みてきました。
この本は無印良品と過ごした2年間の総決算とでも言いましょうか。…いや、暮らしに終わりはありません！

突然降ってわいた幸運に多少怯えつつも、豊かに暮らしてきたこの2年間。今後もより楽しく、わいわい暮らせますように。そう願いつつ、皆さまにも、無印良品に囲まれた暮らしというのを知ってもらえたらと思います。

それでは、最後までお付き合いいただけると嬉しいです。

「無印良品の家」に住みたい

2012年6月、無印良品史上最大のキャンペーンが催されました。それは、2年間無料で「無印良品の家（家具付き）」に住むモニターを募集するというもの。家も家具もぜんぶ無印良品で生活だなんて…極めて暮らしやすそう！と、目をうばわれました。

しかもその家は、我々が以前からずっと住みたかった東京都三鷹市に建つというではないですか。それまでこの地で物件を見て回っては、狭い、デザインが気に入らない、暗い、などの理由でどうしても決意するに至らず。すっかり疲れ果てていたところで、このキャンペーンを見つけたのです。それはもう、勢いよく飛びつきました。夫にも相談せず、ダメもとで。

1 本応募！

FACEBOOKなどで「住みたい宣言」をし、オンライン説明会を受けました。家の機能性とデザイン性の高さに、すっかり虜に。本応募するしかない、とアピールシートを制作。ダメもとすぎてのっぴ（夫）の悪口が書かれています。(見られることになるとは思わなかった)

2 面接

「無印良品 有楽町」にて、面接です。バックヤードの会議室へ招待されました。そして、なんとオンライン説明会ムービーに出ていた方が、登場！　あまりの緊張に記憶のない時間が生じましたが…入居条件について説明を受け、あとは雑談だったような。

3 最終のご判断!?

「三鷹の家の工事現場を見ていただき、最終のご判断を」というメールが来る。ご判断するのは…私たち？ え？ 当選してるの？と心臓が4倍速に。慎重派ののっぴは「いや、ないよ」といたって平静。実際に基礎工事中の現場を見学し、さらにこの家に住みたいと、思いを強くしました。

4 内定！

結果はメールで来ました。職場で開封し、当選の知らせに茫然自失。現実味がなく、何度読んでも理解できませんでした。同僚に話すと、職場は大盛り上がり！　のっぴに電話をしたら、反応は超クール。忙しかったのか、理解不能だったのか。

実際に応募した
アピールシートは
これだ！

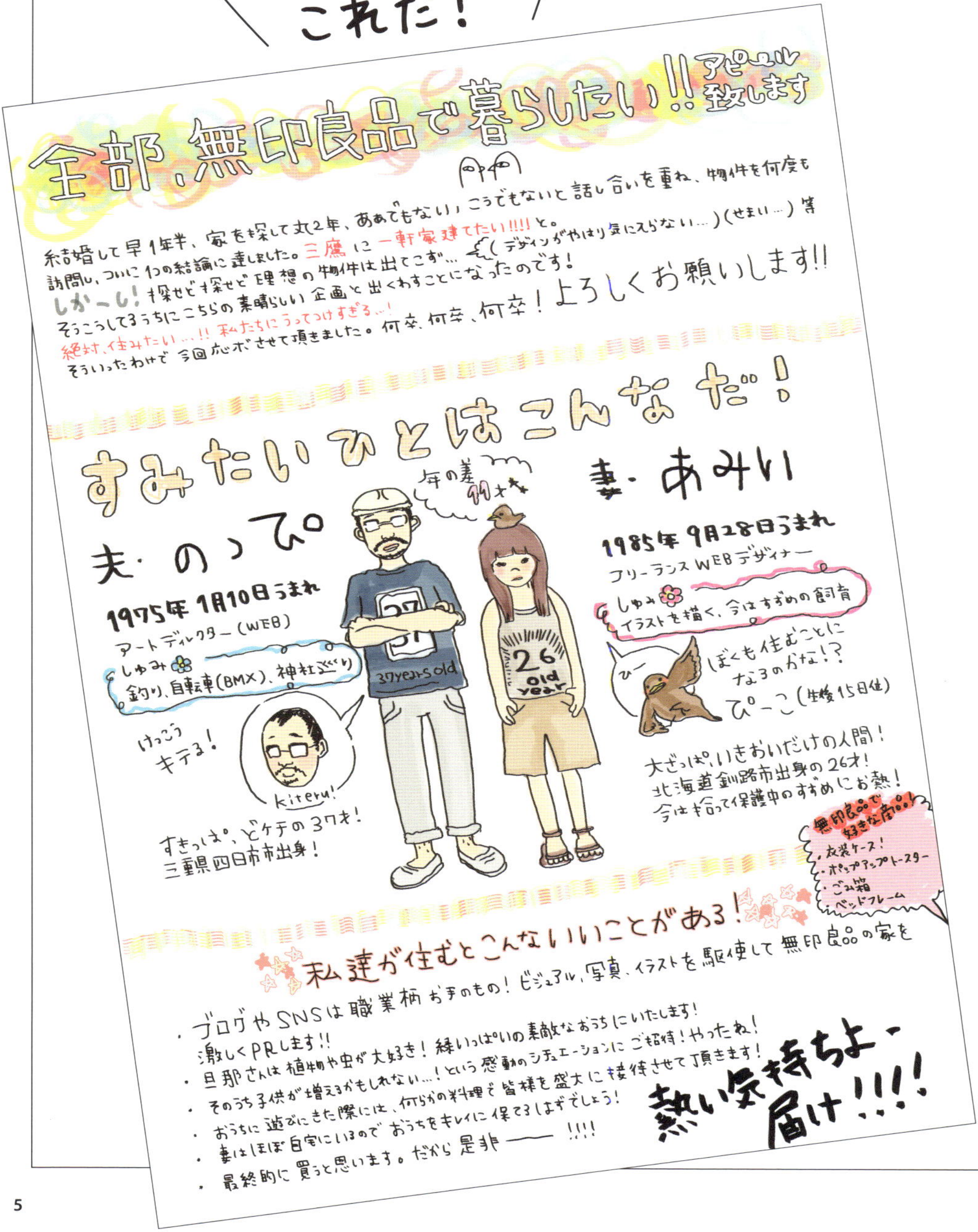

全部、無印良品で暮らしたい!! アピール致します

結婚して早1年半、家を探して丸2年、ああでもない、こうでもないと話し合いを重ね、物件を何度も訪問し、ついに1つの結論に達しました。三鷹に一軒家建てたい!!!!と。

しか～し！探せど探せど理想の物件は出てこず…（デザインがやはり気に入らない…）（せまい…）等
そうこうしてるうちにこちらの素晴らしい企画と出くわすことになったのです！

絶対、住みたい…!! 私たちにうってつけすぎる…！

そういったわけで今回応ボさせて頂きました。何卒、何卒、何卒！よろしくお願いします!!

すみたいひとはこんなだ！

年の差 11才★

夫・のっぴ

1975年1月10日うまれ
アートディレクター（WEB）
しゅみ 釣り、自転車（BMX）、神社ざくり

けっこうキテる！ kiteru!

37years old

すきっぱ、どケチの37才！

三重県四日市市出身！

妻・あみり

1985年9月28日うまれ
フリーランスWEBデザイナー
しゅみ イラストを描く、今はすずめの飼育

26 old year

ぼくも住むことになるのかな!?
ぴー
ぴーこ（生後15日位）

大ざっぱ、いきおいだけの人間！

北海道釧路市出身の26才！

今は拾って保護中のすずめにお熱！


無印良品で好きな商品！
・衣装ケース！
・ポップアップトースター
・ごみ箱
・ベッドフレーム

私達が住むとこんないいことがある！

・ブログやSNSは職業柄お手のもの！ビジュアル、写真、イラストを駆使して無印良品の家を激しくPRします!!
・旦那さんは植物や虫が大好き！緑いっぱいの素敵なおうちにいたします！
・そのうち子供が増えるかもしれない…！という感動のシチュエーションにご招待！やったね！
・おうちに遊びにきた際には、何らかの料理で皆様を盛大に接待させて頂きます！
・妻はほぼ自宅にいるのでおうちをキレイに保てるはずでしょう！
・最終的に買うと思います。だから是非――!!!!

熱い気持ちよ～届け!!!!

建築現場を見学

当選後、「三鷹の家の建築現場見学会」に招待していただきました。SE構法や外断熱の施工状態などを確認できるという催し。

SE構法とは、ビルなどの大規模建築物の構造に準じた構造。強度の高い柱と梁を丈夫な金物で接合し、とにかく揺るぎない強さの骨組みをつくるという。

外断熱というのは、構造体の外側をぐるっと隙間なく断熱材が囲んでいる工法。魔法瓶のように中の温度を逃がさないのであります。エコ！

この家、頼もしすぎますね。

この家に住めるんだ……！
気持ちがたかぶります。

ずいぶんできあがっています。

あまりの幸福に精神が耐えきれず、家に帰っても眠れませんでした。やはり常人に耐えられる幸福の量には限りがあると知りました。でものっぴはスヤスヤ。なんでだろう。

家具を選ぶ

「ぜんぶ、無印良品で暮らしています。」という企画の名のもとに、超大型店舗の「無印良品 有楽町」で、実際に家で使う家具と雑貨を選ばせていただくという、生唾もののイベントもありました。事前に大型家具などの要望リストはお渡ししてあり、その他の迷っているものをインテリアアドバイザーの方と回って決めました。

これはほしかった！
一目惚れした家具たち

ユニットソファ

いわゆるカウチソファというのでしょうか。ゴロゴロするのが趣味なので、ユニットソファにオットマンを絶対つけたかったのです。今でもうちのリビングのど真ん中に鎮座しており、テレビ見ながらうとうとしたりする贅沢を味わえます。

収納ベッド

それ以前にも無印良品のヘッドフレームがつけられるベッドを使っていたのですが、とにかく収納したかったので、このたび収納ベッドにチェンジしました。本当は、収納ベッドの足元にも追加で棚を取りつけたかったのですが、通りづらくなるので断念。

ステンレス ユニットシェルフ

やはり、無印良品のもので家をつくるとなれば、これだろうと思いました。どこの店舗に行ってもディスプレイされてるかっこいいステンレスのユニットシェルフ…。我が家ではキッチンで大活躍しています。ほかは考えられない！

洗面所

玄関

遊び場＆仕事スペース

リビング

ウッドデッキ

キッチン

※間取り図の家具のレイアウトは2016年現在です。

いよいよ入居！「無印良品の家」ってこんな家！

リラックススペース

壁一面収納

ベッド＆仕事スペース

目次

3 ちょっと面倒だなあ…の家事がラク＆楽しくなる！ 61

4 健やかに大きくな〜れ！無印良品グッズで子育て 79

COLUMN

STAFF

デザイン 千葉慈子（あんバターオフィス）
撮影 林ひろし
藤田あみい
執筆協力 矢島史
校正 東京出版サービスセンター
協力 有限会社三鷹テント

1

無印良品の社員さんに教えてもらった激アツ収納！

暮らしに合わせて自由に変えられる収納

「無印良品の家」の最大の魅力のひとつに、自由度の高さがあります。そのスペースを住空間にするのも、収納にするのも自由。一度設えた収納を、移動させるのも撤去するのも自由。

今はやりのミニマリストの風潮に逆らうかのように〝ものが大好き〟な我々にとって、こんなありがたいことはありません。大好きなジョジョのフィギュアを飾る棚をボーンと壁につけることも可能。成長とともに増えていくだろう娘の収納を増やすことも可能。とにかく、**その時の暮らしに合わせて、一番適した収納スペースをつくりだすことができるのです。**

また「家」だけではなく、「無印良品といえば」の収納家具・収納用品が頼もしい。自由に組み合わせのできるラックや、小物を収納するバスケット、ボックス等々は、シンプルな形状でどのようにでも使えます。汎用性の高さがハンパありません。

さらに、ナチュラルなラタンや爽やかなアクリルなど、置く場所を問わない素材感も最高です。今ほしいのはアクリルの小物ラック。画材が増えてきたので、見えやすい&取りやすいよう、机の上に収納したいと妄想しています。

クローゼットを一生ものにしたい！壁一面の収納スペース

after

自由に棚を設えることのできる**「壁に埋め込める収納」**を利用してクローゼットにしています。入れるものに合わせて棚の位置や高さを調整できて、引き出しなどのオプションを組み合わせられます。パーツごとに販売されていて、収納をつくりたいスペースに合わせてオーダーします。我が家の場合、2階の壁一面を使って幅7メートルもの収納を出現させました！

ただ、大きければ大きいほど扱いが難しくなるのも事実。「とりあえず」が積もり積もって乱れてきました。**「使いやすくしたい」「すっきりした見た目にしたい」**…こんな願いが叶うのでしょうか？

無印良品のインテリアアドバイザー（ＩＡ）集団〝チーム有楽町〟に助けを請うてみました。

\ before /

客布団や枕があちこちにちらばっていて使いにくい！　さまざまなものや色がごちゃついていてつらい！　とにかく機能的にしたいのです。

作業は中身をぜんぶ出すことから。出してみて初めてわかる、物量。先が思いやられる量。

「壁に埋め込める収納」がこちら。壁にレールをはわせ、そこに専用の板を引っかけるだけで棚が出現。

after

エリア①
あみいスペース

これまで全シーズン分の服を出していたのですが、あまり使わない服はベッド下収納に移しました。**必要なものだけがその場にあるって使いやすい。**服が好きで量が多めの私でも使いやすいクローゼットに大変身！　大切なのは、**忘れてしまう服が出ないような一覧できるシステム**ですね。

A 長さを揃えてハンガーにかける

衣服の長さを揃えてかけることで、短い丈グループの下にスペースが生まれます。ハンガーは統一してすっきり。

B シーズンオフのラグを丸めて隙間に

天井まである大きな収納だからこそ、ラグも立てかけられます。隙間スペースをこれでもかと有効活用。

C メイクアップセットはバスケットにIN

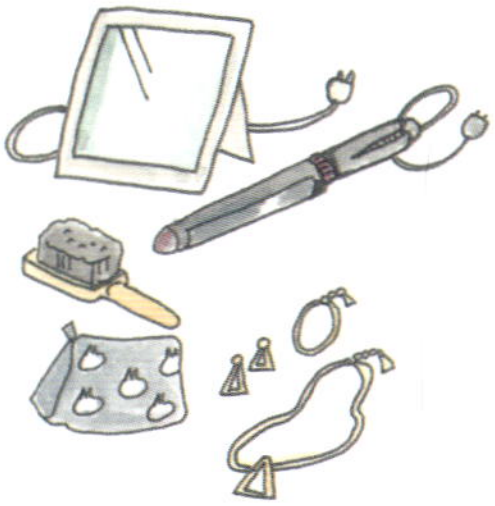

お化粧道具や髪を巻くコテなど、朝必要なものを無印良品のラタンバスケットにまとめてざっくり収納。使う時だけ引っ張り出せばいいので楽ちん。

D 洋服はペーパーコードバスケットに

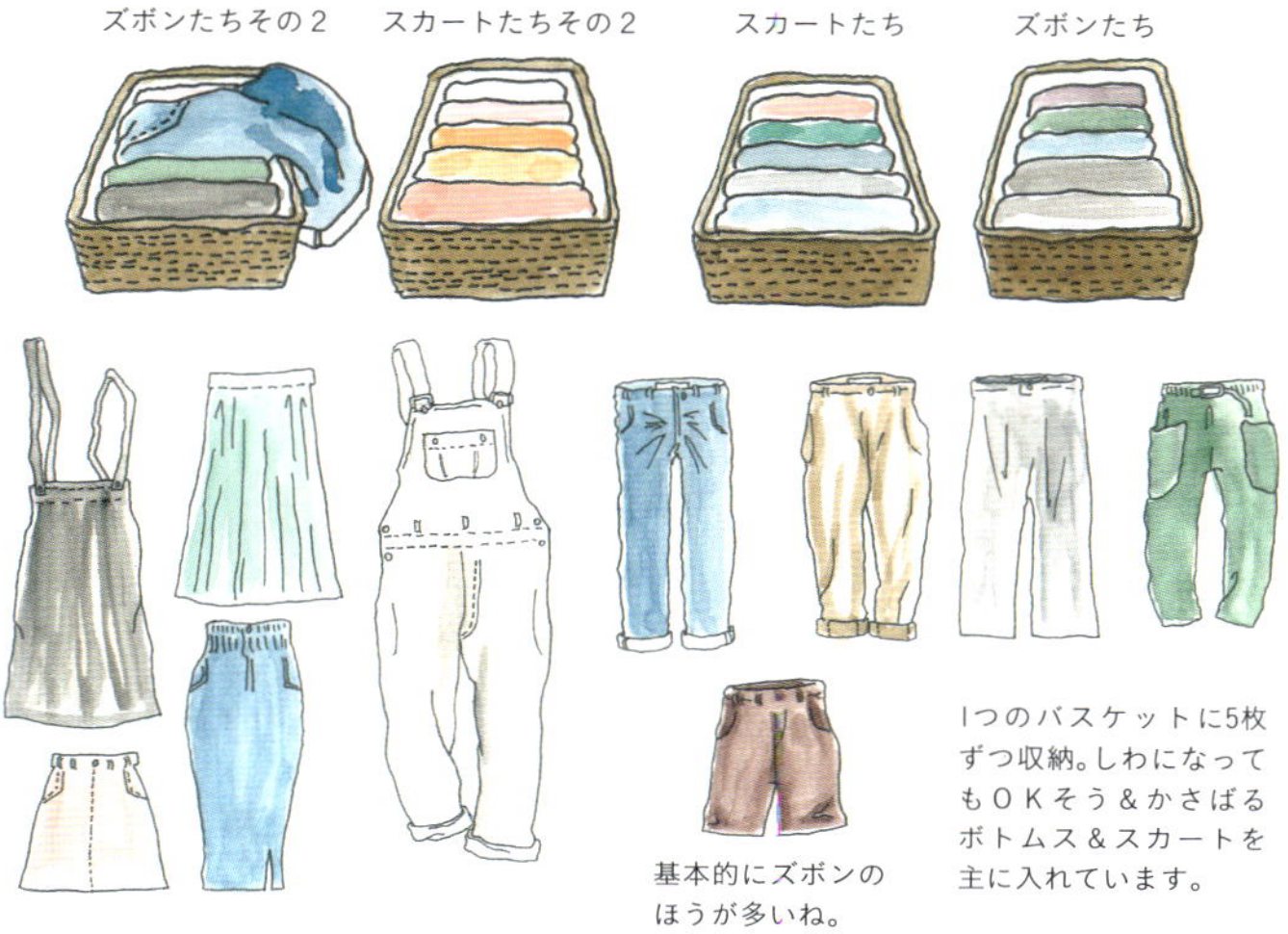
ズボンたちその２
スカートたちその２
スカートたち
ズボンたち
基本的にズボンのほうが多いね。
1つのバスケットに5枚ずつ収納。しわになってもOKそう＆かさばるボトムス＆スカートを主に入れています。

E 仕切り板を使い下着や肌着を美しく収める

20セット以上 ＞ 下着たち
は、はずかしいけどブラジャー最近あんまつけてない。
パンツは綿ですね。主に。かゆくなるからね。
キャッ
22枚 ＞ 洋服たち
40枚 ＞ 肌着たち
SPECIAL TODAY
肌着
パット入りキャミソール
パット入りタンクトップ
特別な日にしか使わないもの
ガードルとか
スリットとか
30足以上 ＞ 靴下たち
①靴下
②スパッツ
③ストッキング
④レッグウォーマー
⑤あったかいタイツ
冬に活躍する。
あまり使わない。
靴下、すごくかゆくなるやつがあるので慎重に選びます。

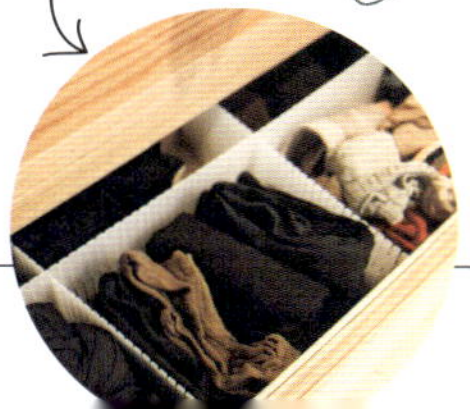

いちいち広げて探す手間も省けるのです。こうして生活がラクになっていくんですね。最高！

エリア② のっぴスペース

趣味の釣り道具などが散乱していた以前とは違い、整然となりました。ハンガーポールの左の方には小物ホルダーが吊るされており、空間を最大限活用。**取りやすい高さによく使う靴下などを入れ**、機能的な大人の収納が実現しました。

A ラグを畳んで布団袋に

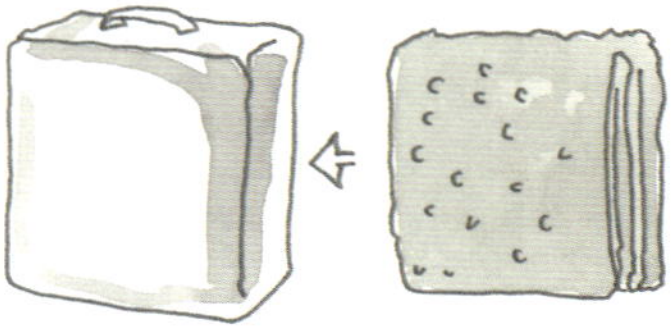

ラグを畳んで、布団収納袋にＩＮ。
意外と収まる。

B アウターとシャツ

しわになってほしくない
シャツ類はかける。

かさばるアウターは私のコーナーに入りきらなくて、のっぴのコーナーにおじゃまさせてもらってます。スマンな。

D 自転車の装備

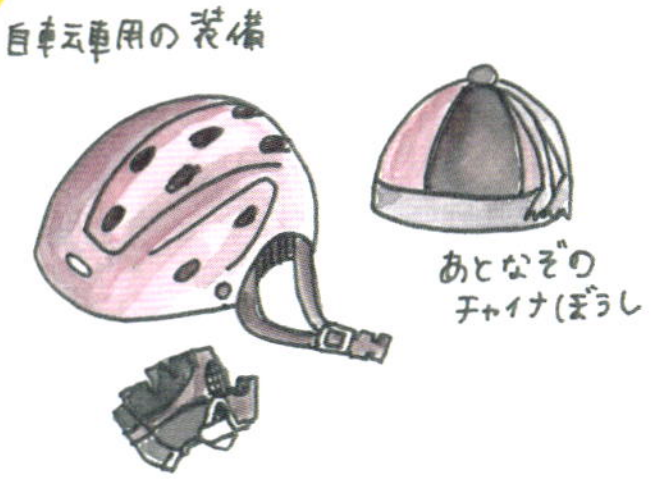

C ベルト、靴下、パンツは丸めて空中収納

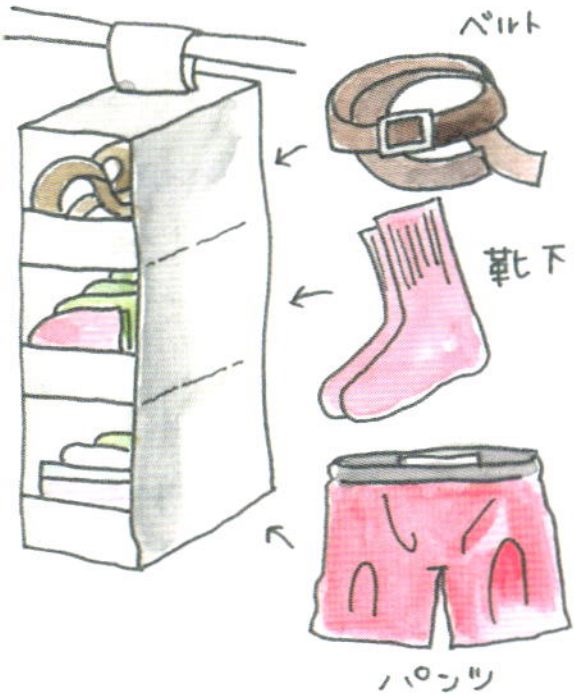

無印良品の「ポリエステル綿麻混小物ホルダー」は、ちょっともてあました空間に最適＆便利。

E 帽子

大事な帽子も、わかりやすく取りやすく。

F 服は重なるメッシュボックスに

よく使うものを軽く引き出せます。

エリア③ お客さま用布団スペース

以前のクローゼット収納で生じた問題のうち、一番大きいのが布団の収納についてでした。お客さんが来るたび、ベッドの下、クローゼットの右だ左だとあちこち開かないと用意ができなかったのです。これで、スッとお客さんに寝床の準備ができます。**「めんどくさ」**となりません。

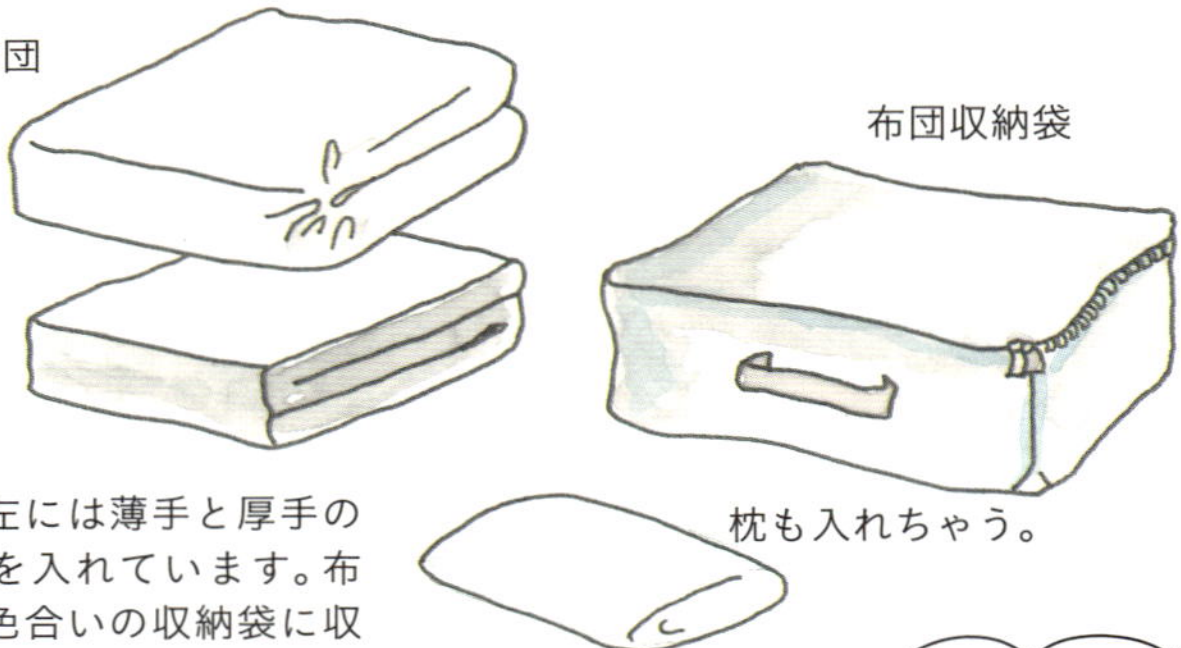

敷布団の左には薄手と厚手のかけ布団を入れています。布団も同じ色合いの収納袋に収めて、すっきりと。

枕も入れちゃう。

来客の多いあみい家

北海道からの友人、両親、毎週のように来る妹など、布団を用意する回数が極めて多い我が家。大きなスペースを客用の布団で占めちゃうことに抵抗がありそうなものですが、ほんとによく使うから、出しやすくていい場所に収めて正解なのです。

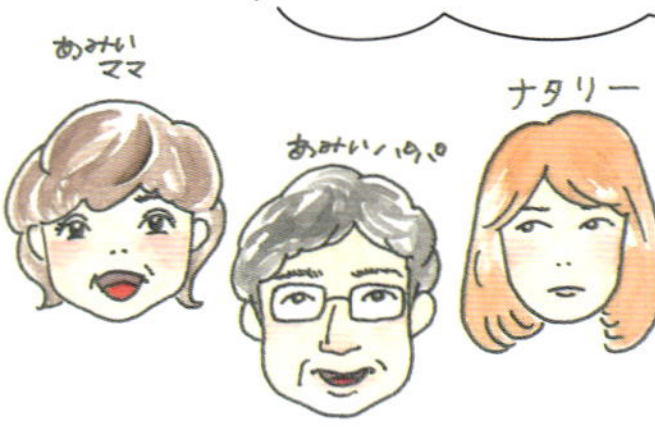

エリア④ 掃除機&鞄スペース

１階のリビングの、まあまあ目立つ場所に無造作に置いてあった掃除機をこちらに。ほこりが舞う関係で、**掃除機は上から下にかけるのが基本なんですって。**というわけで、２階に置いておいたほうが手軽に掃除を始められてよいのです。そして鞄とトランクがすっきり１カ所に収まっていて、整然とした印象に。

B 鞄はS字フックにかける

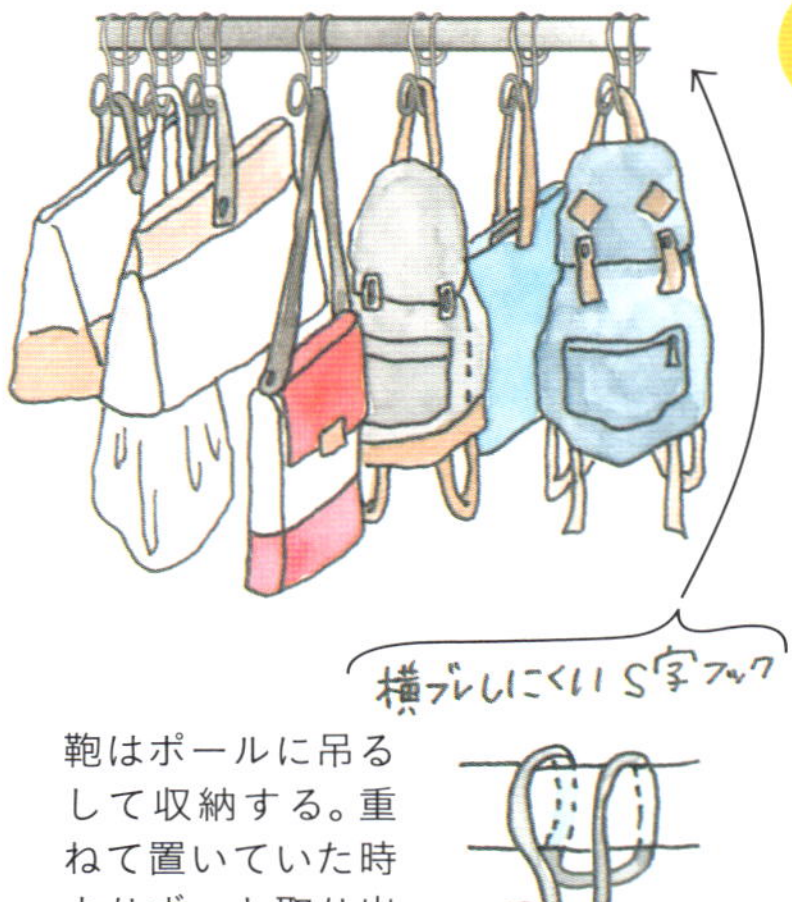

鞄はポールに吊るして収納する。重ねて置いていた時よりずっと取り出しやすい！

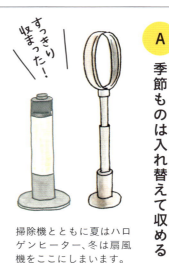

A 季節ものは入れ替えて収める

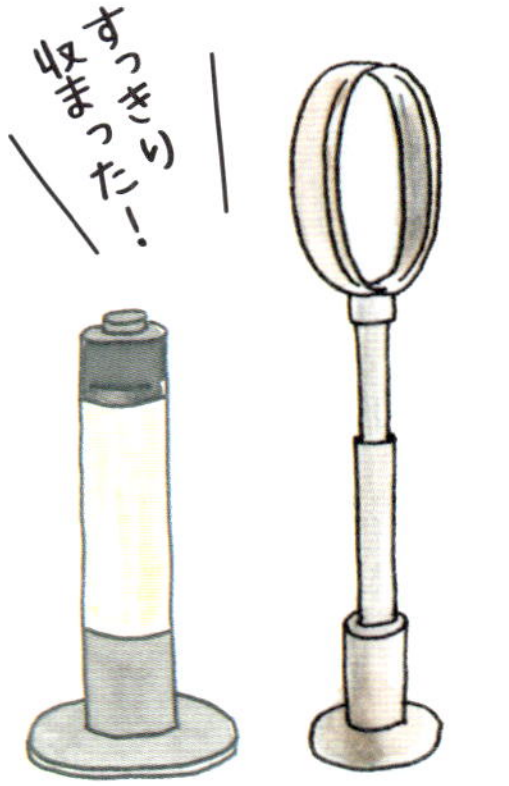

掃除機とともに夏はハロゲンヒーター、冬は扇風機をここにしまいます。

キッチンシェルフの有効活用！

キッチンのメイン収納には、**「ステンレスユニットシェルフ」**を利用しています。スペースや使い方に応じて、棚の数や高さを変えたり、引き出しや引き戸などのパーツを入れるのも自由です。

しかし設置当初、食器用の引き戸の位置が私にとっては高すぎたんですね。時には、取りそこなったカップが頭に落下して粉々に砕けたこともありました…。

やはり、収納は使ってみて、よりよく改善してこそのもの。どうにかしたい！　とはいえこれだけの大容量にものが詰め込まれていると、どうしていいのかさっぱりわかりません。またもや、インテリアアドバイザー〝チーム有楽町〟に相談をしてみました。

さっそく集まってくれた彼らはまず、シェルフ内のものをすべて出し始

ものの種類や使用頻度によるグルーピングは、整理整頓に欠かせない作業！「これいらないな…」がはっきりわかり、みるみる数が減っていきました。

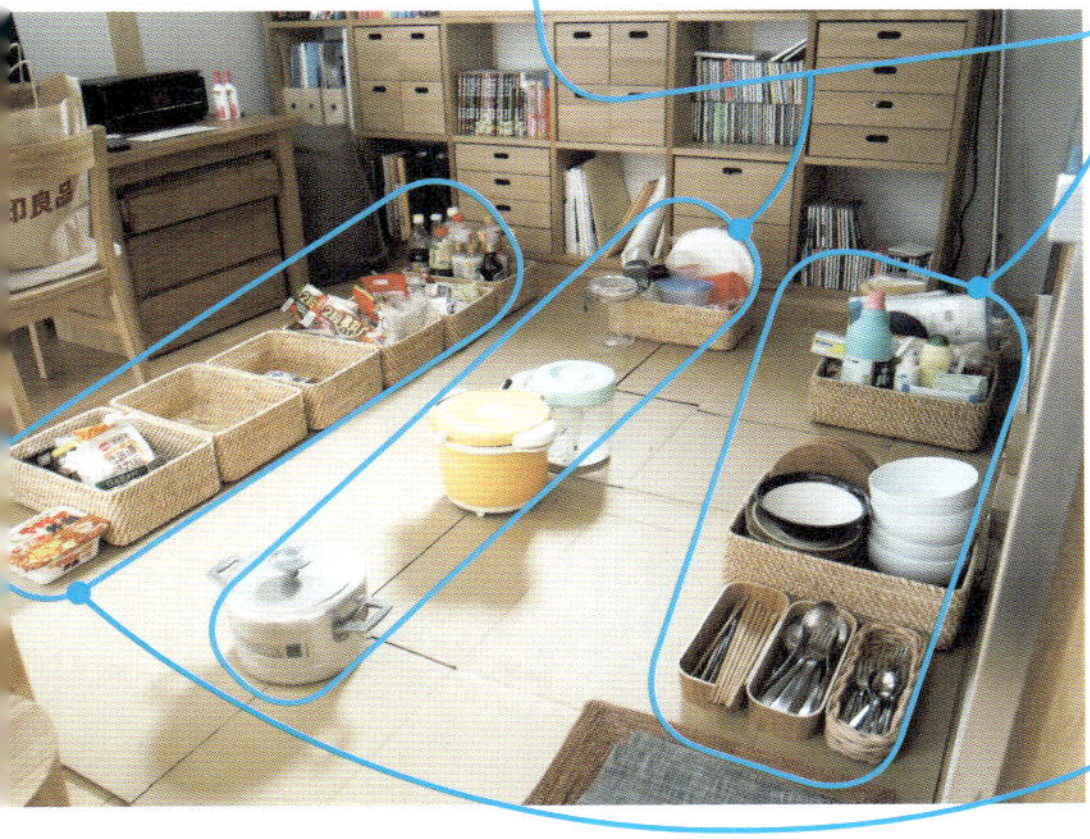

めました。とにかく、**何を持っているのかを把握し、よく使うものとそうでないものを分ける「グルーピング」が必要なのだそう。**よく使う「1軍」、時々使う「2軍」、めったに使わない「3軍」と、使う頻度ごとにものをまとめます。

「これはよく使いますか？」「どれくらいの頻度で使いますか？」とそれは事細かに、大量のグッズを分別していくチーム有楽町。グルーピングした後は、空っぽの状態で棚の位置を調整し、食器の引き戸を取りやすい高さに下げてくれました。

そしてよく使う1軍を手の届きやすい場所に、使わない3軍を上下の取りにくい場所に収めて完成です。むろん、信じられないくらい使いやすい台所になったのは言うまでもありません。ちょっとしたストレス消失！ 感涙！

キッチンシェルフ大解剖！

使用頻度順に手前から奥へ。下から上へ。これだけで本当にずいぶん使いやすくなりました。最上段には、使用頻度の低いものやストックものをこっそりと隠しています。「重なるラタン長方形バスケット・小」を使い、統一感のある、すっきりまとまったキッチンに。

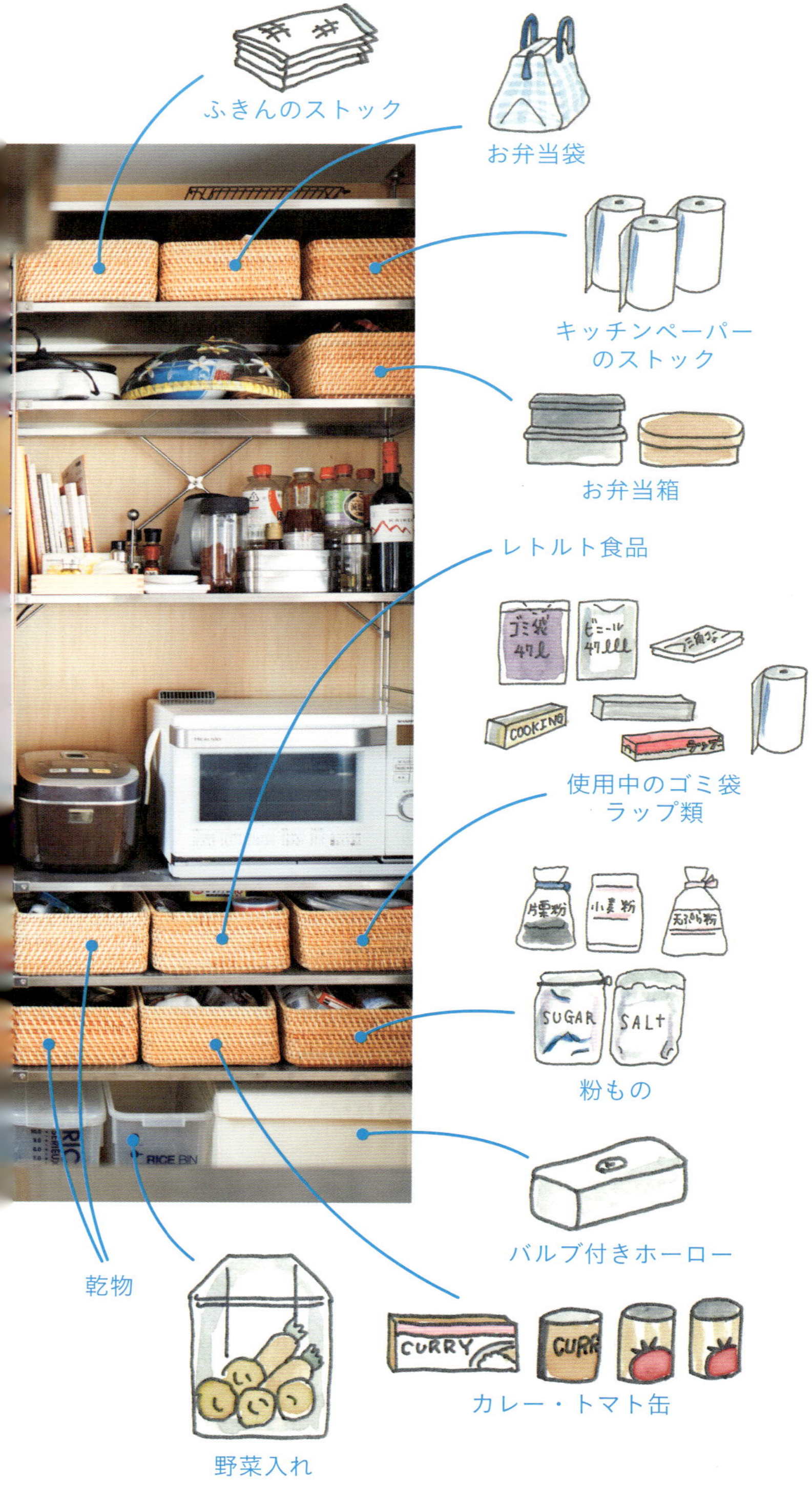

ふきんのストック
お弁当袋
キッチンペーパーのストック
お弁当箱
レトルト食品
ゴミ袋 47l
ビニール 47lll
COOKING
使用中のゴミ袋 ラップ類
片栗粉
小麦粉
天ぷら粉
SUGAR
SALt
粉もの
バルブ付きホーロー
CURRY
カレー・トマト缶
乾物
野菜入れ
RICE BIN

キッチンシェルフと冷蔵庫の間に生じた隙間に無印良品の「ストッカーキャスター付」がすっぽり。中には薬類やスポンジ、ペーパー類のストックなどを。デッドスペースなんてつくりません！

換気扇フィルターのストック

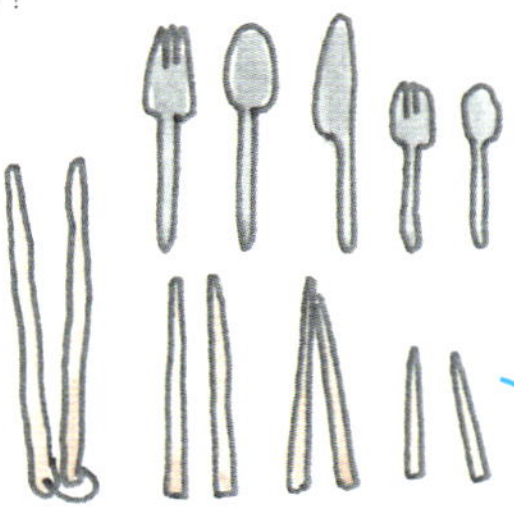

カトラリー

ランチョンマット

コースター＆お菓子づくり道具

塩麹用ボトル

キッチンシェルフの最下段に入れている「ポリプロピレン頑丈収納ボックス・小」。中には洗剤類や掃除用のウェスなどが満載。その名のとおり頑丈で、ちょっと腰かけるのに重宝してます。防災グッズとか屋外使用とかにも。

お掃除セット

お米

欲しいものにすぐ手が届くキッチン

調味料も出しっぱなし

IHの前に、塩や砂糖といった日常使いの調味料を出しっぱなしにしています。当然、すぐ取れる。

手を伸ばせば届くところ

IHヒーターのすぐ右の壁に、マグネットフックを並べてフライ返しなどを引っかけ収納。

調理台の引き出しに、調理道具やスパイスなどを。

引き出しに包丁収納がついている！娘の手が届かない場所で安心です。

IHの下はシンプルなラック。鍋などを入れていますが、扉がないので出し入れしやすい。容量も大きいのでたくさん入ります。調理台を広く使いたいときは、28ページのように、水切りとして使っているステンレスバスケットをここに入れます。

調理台の下にすっぽり入る無印良品のダストボックス。コロコロがついているので引っ張り出して使えます。ちなみに右から「燃えるゴミ」「プラスチック」「缶瓶」「ペットボトル」。

向こう側には、やはりシンプルなラックでボウルを収納。扉がないって本当にラクです。

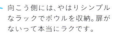

何でも入る下駄箱が優秀な玄関

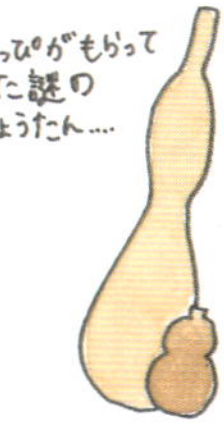
のっぴがもらってきた謎のひょうたん….

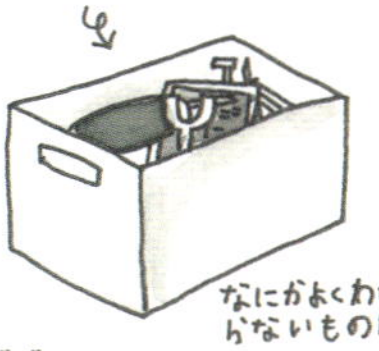
玄関のゲタ箱下にはのっぴの日曜大工工具が‥
It's Men's Men's World…
なにかよくわかかないものたち

無印良品のインテリアフレグランスが最近好きでげす

木の枝のオブジェに鍵を引っかけています

鏡 横使い。朝の顔みておでかけする。

大容量、木の家特製の下駄箱。うちについているのはロータイプですが、天井まで背丈のあるトールタイプもあり、組み合わせは自由です。

奥行きも広々で、**3人分の靴が悠々入っています。**折り畳み傘や長靴もここに入れてしまっています。横着。

トイレ収納には大きなラタンバスケット

我が家のトイレには、タンクの後ろに木の段差があって棚代わりになっています。そこに偶然なのかなんなのか、ラタンバスケットがぴったり2つ収まるという快挙。トイレにボックスやかごを置く場合「小さくて目立たないもの」と考えがちですが、実はしまいたいもののほとんどが〝かさばるもの〟なんですよね。ストックを別の場所に置かなくていいのはかなりラクです。

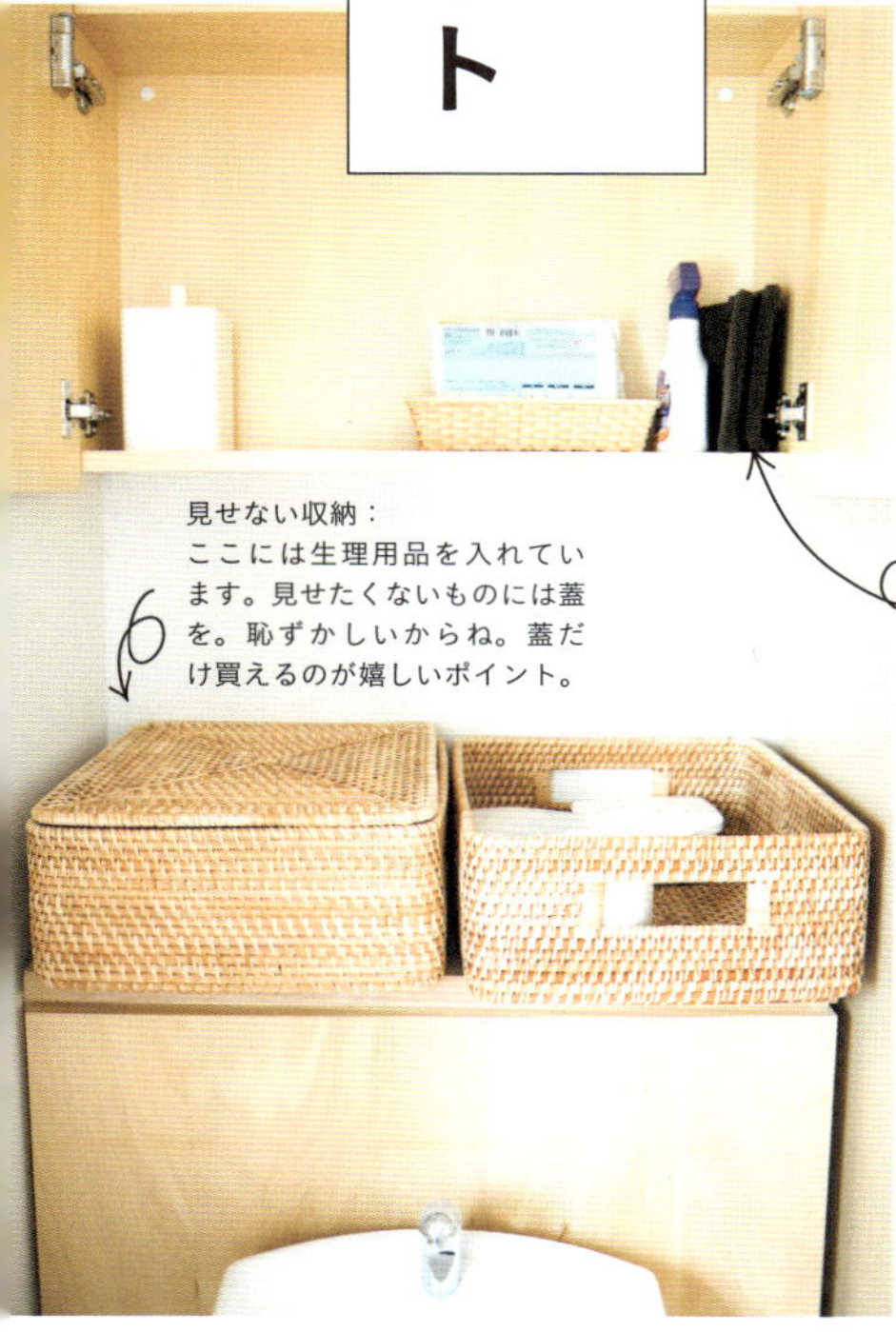

見せない収納：
ここには生理用品を入れています。見せたくないものには蓋を。恥ずかしいからね。蓋だけ買えるのが嬉しいポイント。

上の棚にはお掃除道具

掃除道具：
使ったらポイできるお掃除シートをボックスに入れて。

見せる収納：
トイレットペーパーのストック。ぱっと中身が見えるので、残り個数がわかりやすい。

こっちは トイレットペーパー

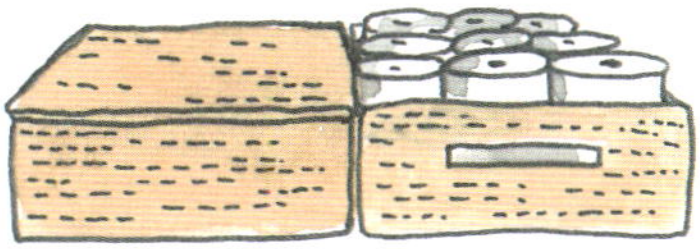

このラタンバスケットは場所を選ばず、色々なところで使用できるので最強です。

洗面所のような限られたスペースにも活躍する棚

お風呂へと続く癒しの空間、洗面所。広々として明るくて、木のぬくもりが暖かい印象なのです。窓のところに設えたのが、衣類収納でもご紹介した「壁に埋め込める収納」。**レールさえ通せれば場所を選ばず設置できるから、こんなところでも棚にできてしまう。**

かねてから洗濯機の上は収納スペースにしたいと申しておりました。願いが叶って幸せ。

レールを壁の上から下まで通し、レールにあいた穴に板のフックを引っかけるという仕組み。このレールが入るスペースさえあれば棚を設置できるのです。サッと取りたい洗剤やタオルも簡単収納。

洗面化粧台は、「無印良品の家」オリジナルの置き型タイプ。汚れがわかりやすく、かつ拭いやすい形状なので、いつもきれいを保てます。**溝がないこと、サッとふくだけで水垢なども取れてしまう材質が嬉しい。**

そして大きな一枚鏡は、中が収納になっています。鏡の左右も実は収納の扉であり、大容量！

大人気、無印良品の白磁歯ブラシスタンドはひとつ300円と、とてもかわいいのにお手頃！　歯ブラシスタンドってなんだかんだ汚れやすくて掃除が手間だったりするんですが、こちらは簡単に丸洗いできるので扱いやすいです。白磁コップやそれらすべてをまとめておける白磁トレー、石けん置きもおすすめ。

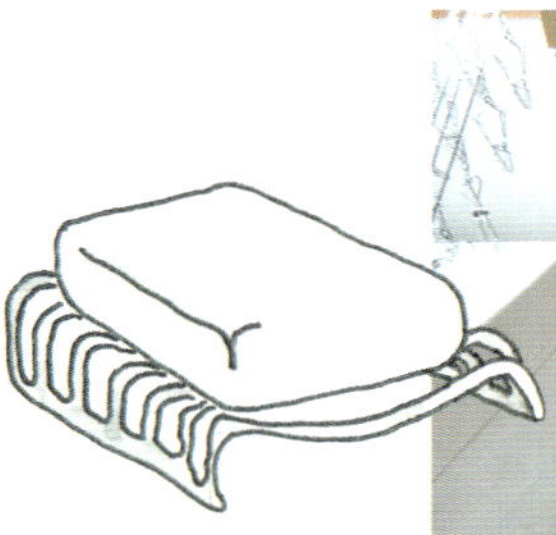

つっぱり棒で収納スペースをつくる

洗面台カウンターの下は、無印良品の引き出しなど収納パーツを入れられるようにサイズ設計されています。我が家の場合は**つっぱり棚を設えて、バスタオルなどを収納。**つっぱり棒って本当に便利です。

その下にはソフトボックスを置き、中にお風呂の掃除グッズや殺虫剤など、色味がバチバチ激しいものを隠したりしています。（ちょっと今試行錯誤中で空っぽなんですがご愛敬）

このソフト**ボックス、いらなくなったらぺったんこに畳めますよ。**柔らかいのにしっかりしていて、思いのほかたくさんのものを入れられる優れものです。横では梅酒が熟成中。

収納場所を増やせるよ
つっぱり棚で自由自在
TOTO
うめー

鏡台の中はケースを使ってスッキリと

無印良品のコップにカミソリを。来客用の歯ブラシストックを入れていることもあります。

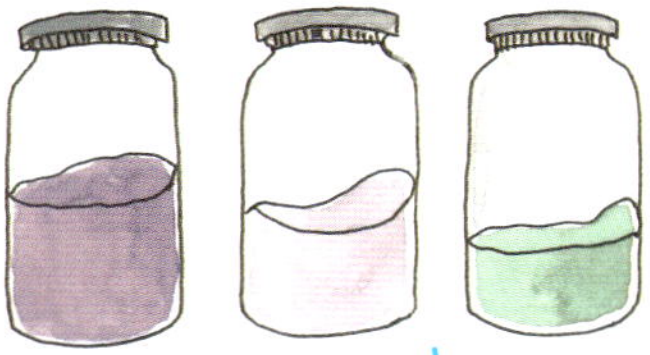

入浴剤を詰替用ボトルに入れてます。一気にかわいい。

外国製のかわいい石けん入れ。

歯磨き粉

ヘアワックス

ブラシ

ヘアバンド

バスソルト

ここには日常使いのノーマル石けんと小物を入れてます。

ガラスコットン・綿棒入れモール。高級コットンをあえて入れてみている。

オーガニックシリーズをラインで使ってます。いいにおいです。

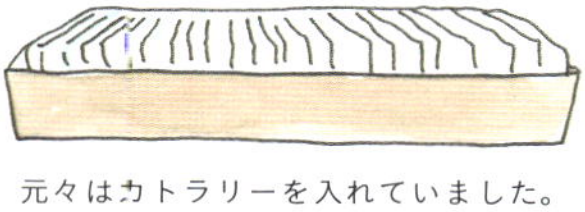

元々はカトラリーを入れていました。今は、コットンを入れています。

スタッキングシェルフで夢の〝天井まで届く本棚〟

縦にも横にも組み合わせ自在、自分仕様に設えられる棚「スタッキングシェルフ」。これを使って、キッチン前スペースに昔から憧れていた天井までぎっしり本を詰められる本棚を実現しました。ああ、なんともおしゃれ。

窓の場所は避けられるし、キャビネットも入れられる。スペースにぴったりと収まった、無印良品による私たちのための私たちによる収納なのです！　こんなに本が入るのなら、以前に手放した本、残しておけばよかったよ〜。

引き出しをジグザグに組むとおしゃれだと、無印良品の方に教わりました。

まだまだ余裕ー

高さの低い棚も組み合わせ可能。ちょうどコミックサイズです。この低い棚を使えば、天井までの高さにぴったりと調整できるのです。

窓を避けるためL字に。組み合わせ自由自在の妙が光ります。

COLUMN

皆さまいらっしゃーい！

無印良品の家の玄関まわり

こちらがポスト。インターホンだけでなく、表札をつけたり、照明、郵便ポストなどの役を一挙に担うことかできる門柱タイプです。

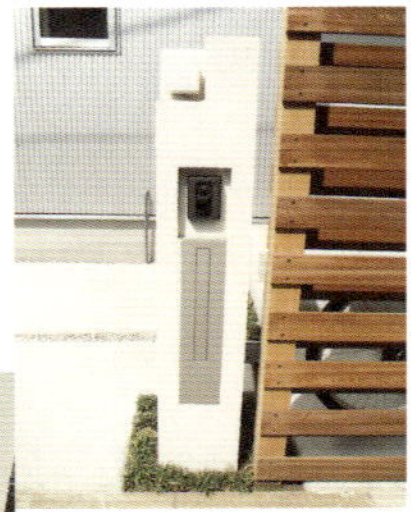

三鷹の家は駐車場完備。軽なら２台くらいいけそうな広さが確保されています。駐車場代がかからないというのは一軒家の醍醐味と言えましょう。

裏側はダイアル錠付きの郵便物取り出し口です。取り出しやすいつくりと、開ける前に郵便物があるかないかの簡単な判断ができる透明な窓口が素敵。

我が家の玄関はとってもシンプルなつくりです。ドア上の玄関の庇が、日差しと雨水を遮ってくれます。雨が降っていればここで傘を広げればいいし、鍵もここでゴソゴソ探せます。この庇は雨風に強く、積雪は50㎝まで大丈夫だそう。無印良品の家オリジナルのHISASHIです。

玄関前には2段の階段があり、その前に自転車が停められるようなちょっとしたスペースもあります。のっぴが大事にしている自転車はウッドデッキに毎回もっていきますが、普段使いの自転車は、サッと玄関前に停めるくらいで十分。日陰だし、自転車も長持ちです。

我が家は普段、夜でも特別なことがない限りライトを灯していないのですが、たまーにのっぴのためにつけておくことがあります。ポーッと暖かく光るので、疲れて帰ってくる旦那さまを温かくお迎えしているつもりなのですが、「電気代がもったいない」と言われました…。でも、はたから見ると、とってもきれいなのです！

2

暮らしに合わせてチェンジ！
自慢したくなるインテリア

自由気ままの一室空間の家

訪れる人が、実際の数字よりも「広い!」と感じるこの家。その立役者はなんといっても、「吹き抜け」と「一室空間」の家であることです。**2階まで抜けた空間があるから開放的だし、壁がないことで視線が家の奥まで届くから広々と感じる。**

この、壁によって仕切られた〝部屋〟のないことが、開放感だけでなく実際の住みやすさに大きく貢献しています。前章の収納と同じように、好きなところに後から間仕切りでも引き戸でもつけることができる。固定された壁がないから、自由にスペースをつくることができるのです。

家の（部屋というより家!）模様替えや、スペースの使い方を気軽に変更できるのも一室空間だからこそ。一般的な家で大型家具を部屋から部屋へ移すのは大仕事。思いつきもしないかもしれません。でもすべてがつながった大きな部屋のような家では、模様替え感覚で家具を動かせるし、そのためのアイデアも出てきやすい。

さらにこの一室空間のよいところは、どこもが家族の息遣いを感じる、居心地のいい場所であることです。だからどの場所でもリラックススペースになるし、どこにでも書斎をつくれる。物理的にも、心理的にも自由度の高い家なのです。

March

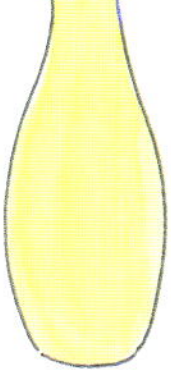

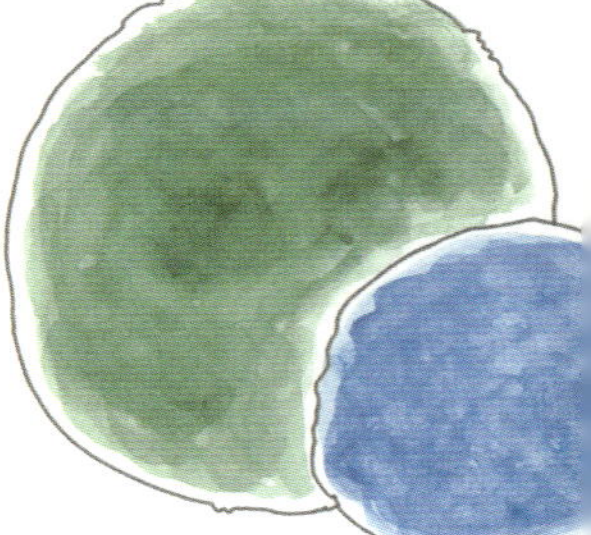

リビングの床には、素材や毛足の長さまでオーダーできる無印良品のラグを敷いています。その上にIDÉEの**キリム絨毯を重ね技。**これ、丸井吉祥寺店のディスプレイを見て真似したものなのです。贅沢、おしゃれかつ暖かい。

夏になれば黒いラグをしまって（綿帆布ふとん収納袋を利用）、キリムだけにすると涼しげな装いに。無印良品の「体にフィットするソファ」のカバーも季節や気分、置く場所などに合わせて替えられます。**ファブリックひとつで、こんなにも部屋が変わるものなのですね～。**

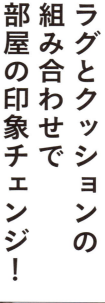

ラグとクッションの組み合わせで部屋の印象チェンジ！

キリムを取って大人っぽくした冬バージョン。お客さまの分だけウレタンフォームのクッションが出てきます。座りやすい。

夏は黒いラグを取って、軽く涼し気に。

２階ベッド横に麻畳＆ソファ。小さめのローテーブルを置いて、のっぴが仕事したりしていました。居心地よいらしい。

ローテーブルの下には無印良品の丸いラグを敷き、麻畳も導入。娘がゴロゴロ過ごせるスペース増量。

草原のような緑の丸いラグを置いて娘の遊び場に。寝返りをしないころは、体にフィットするソファがベッド代わりにもなりました。

リラックススペースに丸いラグを敷いて、体にフィットするソファを仲良くふたつ。

リビングとウッドデッキがひと続き

実家の母にこの家のことを話した時、建築面積15・98坪と聞いてすごく狭いと思ったそう。けれど実際に家に来てみると、「思ったより全然広い！」と驚いていました。

それはなんといっても、大きな窓の向こうに続くウッドデッキのおかげ。**建ぺい率が低い土地をお持ちの方は、是非ウッドデッキで広々リビングを演出してみてください！** なにしろデッキは外扱いですから。

見た目だけでなく、お客さまをたくさんお呼びしてデッキでバーベキューを催した時は、窓を開け放してひと続きの広い空間を活用しました。外で肉焼く人あり、中で涼む人あり、思い思いにくつろいでいただいたのでした。

デッキでBBQ。リビングとつながっているから移動も便利。煙が中に入っちゃったけども。

うまー♪

仕事をしている（風の）のっぴと遊んでいる娘に
降り注ぐ自然の光。居心地のよい場所だらけの家。

キッチン前がダイニングとは限らない

〝キッチンカウンターの前にはダイニングセット〟。これ、一般的なモデルルームの常識です。でも我が家の食事はリビングのローテーブルで行われております。ということで、**ダイニングスペースは何に使われたってよいのです。**

はじめは、私の仕事部屋。以降、ベッドを置いての新生児ルーム（後述）、ベビーベッドだけにしてベビールーム、そして今や夫のっぴの書斎に！　**キッチンのそばだから、コーヒーもすぐに淹れられていい感じ。**ウッドデッキから光が差し込んで、ここは仕事スペースにうってつけなんです。

さらに、麻畳を敷き詰めて娘のお遊びスペースにもしてみました。座るも寝転ぶも、畳は気持ちのいいものです。基本的に床で遊ぶ幼児と畳の相性たるや、最高！　**父と子がそれぞれの時を過ごしながら一緒にいられる場になりました。**

階段下スペースの移り変わり

階段下には人が行き来することのないスペースが存在します。ついつい、適当にものを置いていきがち。結構目立つ場所なのに、いつの間にやら殺伐とした雰囲気になってしまいました。

そこで**「組み合わせて使える木製収納・ロータイプ」を入れたらぴったり！**なんとも素敵な空間へと変身です。その後も、娘の遊ぶスペースになったり、娘の収納を置いたりと変化を続けています。

1 この空間を有効活用しない手はありません。

2 掃除道具や弁当袋など、まとまりなく集まってくる吹き溜まりに…。

3

「組み合わせて使える木製収納・ロータイプ」を導入しました。左棚は本を立てかけ、インテリアにも。右棚には座布団と掃除道具を入れています。左上の壁にかかっているのは「壁掛式Bluetoothスピーカー」。手前に転がっているかごはIDÉEの商品です。何でもおしゃれに放り込めてしまう。

「LEDシリコーン床置ライト」が、夕方のほの暗い空ととても合います。ロマンティック…。

4

丸いラグを敷いて、小さい娘の遊び場に。キッチンからもリビングからもすぐに手を伸ばせるちょうどよい位置。

5

しょっちゅう着替えたりおむつを替えたりが必要な娘の収納を衣装ケースとラタンにまとめ、一番いる時間が長いリビング近くのこの場所に置きました。本棚は2階リラックススペースに回っております。

仕事がしやすいこだわり炸裂デスク～あみぃスペース～

背丈が低めの皆さん、お使いの机は体に合っていますか？　身長150㎝の私は、まったく合わずに肩と腰の痛みがひどいことに。整形外科でも鍼でも症状はやわらがず、そもそも机といすを見直したほうがいいのではと思い至ったのです。調べてみると、自分に合うサイズは「机63㎝、いす36・5㎝」。一般的なものよりずーっと低いものでした。

机のキャビネットは無印良品の「相談しながらつくる壁面収納」のオプションを利用したもの。その人、その家の隙間に合わせてオーダーが可能なのです。自由だ～！
ペンなどはポリプロピレンの整理ボックスにまとめます。

無印良品のペンケース。
長年愛用しています。
「ブナ材時計（アラーム機能付）」
アラームもついていて
この小ささ！

これまで私サイズの机といすを散々探しましたが、デザイン面で妥協できず購入には至りませんでした。思い余って、無印良品に「つくって！」とメールした過去もあった…（大人の対応をしていただきました）。

今回モニターになったことで、無印良品の方に直接思いのたけをぶつけたところ、**「じゃあ机といすの脚を切りましょう！」**ということに！ そしてこの脚カット、サービスが開始されたのでどなたでも利用できるようになりました。万歳！

この机といすが家に来て、実際に座った時の感動は忘れられません。今まで感じたことのないジャストフィット感。もう、手放せない！

一般的ないすや机のサイズは、170cmくらいの人に合うサイズにつくられているそうです。

辛い
肩が上がる!
イライラ
70cm
42cm
足が着かない!

座ってみると、きちんと足の裏全面が床に着く。手を下ろしたところにちょうど机がある。足を伸ばしたところにちょうど床がある。腰が伸びて、気持ちがいいです。

◎自分の体に合ったいすと机の高さのもとめ方

いす＝身長×0.25−1

机＝身長×0.25−1＋身長×0.183−1

※ほかにも色々な計算の仕方があるようです！

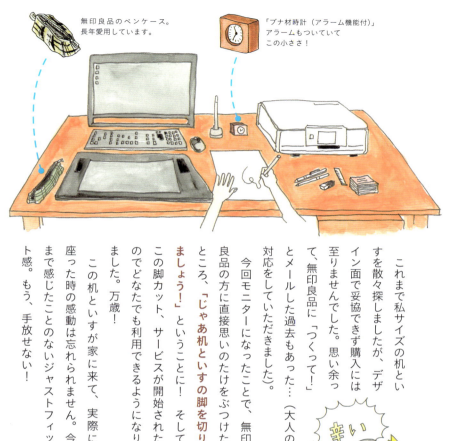

いすは体を包み込むようなホールド感があり疲れにくい無印良品の「成型合板ワーキングチェア」です。

どこでも書斎になる自由なおうち ～のっぴスペース～

のっぴの書斎ができたのは、「書斎がほしいよ」「いらんだろ」という会話がありつつも、ひとりの時間もほしいよねという妻（私）の優しい譲歩あってこそ。当初は、2階ベッドルームの吹き抜けを挟んだ対岸にありました。

机の横には、机と同じ高さになるようにオーダーした「相談しながらつくる壁面収納」のキャビネットが。**家具の高さが揃うとすっきりと見えるうえ、机と地続きになり広々と使えます。**

しばらくはここを巣にしていたのっぴでしたが、1階にあったベビーベッドが撤去されたのに伴い、書斎をキッチン前スペースに移動。男の城は〝子どもを遊ばせながら机に向かえる書斎〟に変貌を遂げたのでした（詳細は45ページ）。家中のどの場所を何に使っても居心地がよい。応用の効く家の恩恵を、まさに浴びておるのです。

2階に書斎をつくっていたころ。机の高さとぴったり揃ったチェストが、きれいに収まっています。

透明なアクリルボードで仕切られているので、見渡しのよいリラックススペース。娘と遊んだり、マンガを読んだり。

回遊するリラックススペース

当初、前の賃貸住宅で使っていたソファを、のっぴ書斎の横に置いてリラックススペースとしていました。その後、2階に麻畳が導入され、ソファはそちらへ移動。畳といえば和なグッズですが、麻畳は洋風の家具にもマッチします。

そして現在、ソファは私の仕事机に押し出されて、また元の位置に。家の模様替えに合わせて、リラックススペースとしてのソファは2階をくるくる回遊しております。どこに置かれても、即座にそこがリラックスできる空間になる我が家。その時々の景色を楽しみながら、のんびりくつろいでいるんですよ。

真っ白い麻平織ボックスシーツとグリーンのふんわりやわらかタオルケットに模様替え。これ、タオルケットマニアの友人が絶賛する手触りです。

実は収納たっぷりなベッド下

無印良品の寝具カバーはかわいいのが多くて、つい増やしたくなってしまいます。この赤いチェックも温かみがあってお気に入り…なんて言っているうちにいつの間にやら季節は夏。羽毛布団はベッド下の収納にしまい、爽やかに模様替えしました。**ベッド下収納、大きいものもしまい込めて便利!**

ベッド周りにはフロアライトと本棚を設け、マンガ片手にゴロゴロするつもり満々です。ベッドガードは無印良品のものではないのですが、木製のものをがんばって探したのでした。雰囲気、大事。

サイドが引き出しになっています。かなり入る！　ここにはシーズンオフの衣類をまとめています。無印良品の「パラグライダークロスたためる仕分けケース」に入れると管理がラクです。これ本多さおりさん著『もっと知りたい無印良品の収納』で得た知恵。

引き出しと反対サイドは上が開く収納になっていた〜！と使い始めて数カ月後に知る。なんでも、シングルサイズで４段ワイドチェスト２台分の収納力があるんだとか。うちはベッド２台なのでチェスト４台分の収納が可能！

お風呂だって無印良品

明るいうちに家に帰ってきて、自然の光を感じながらお風呂に入る。風呂上がりに枝豆をつまみながらビールを飲んで、夕飯を待つ――これに子どものころから憧れていました。おっさん的な夢ですが、日曜日の父の姿が刷り込まれているので仕方ありません。

そんな贅沢をさらに贅沢にしてくれる、この**広く明るい浴室。**ユニットバスの防水性とタイル張りの質感の両方のよさを持ち合わせた、無印良品のオリジナル浴室なんだとか。全体のデザインも、無印良品の洗面器やお風呂いすなどと相性がいいように考えられているんだって。どうりで居心地いいはずですよ。

ドアに通風孔がないのでほこりやガビガビがたまらず、サッと拭うだけで掃除ができてしまう。そんな小さなことが、大きなポイント。

何でも置けちゃうストレートカウンター。シャンプー類は無印良品の詰め替えボトルで揃えています。体をきれいにさせるところがスッキリしてるって、なんて素敵。

「壁に付けられる家具」で神棚

自然とともに生きていたい、と同時に神さまにも寄り添って生きたい気持ちの私たち。以前住んでいた賃貸住宅でも、神棚をつくっていました…クローゼットの上段を生かして。

三鷹の家ではもう少しきちんと祀りたい、ということで神棚を探していたところ、ほかの木の家ユーザーさまのブログにお知恵が！**「壁に付けられる家具・棚」でイケる**と！

神棚となれば本当は諸々の設え方があるのでしょうが、一番大事なのは気持ちということでご容赦ください。場所は階段を登りきったところの窓の上。下から見上げると、まるで階段が参道のようです。こうして神棚に手を合わせ、我ら家族は真摯に生きていきたいのであります。

季節を楽しむウッドデッキと庭ライフ

土がむき出しだった通路が、ご覧のとおりの憩い空間に。バッタやカブトムシも訪れる都会のオアシスの完成です。

ウッドデッキの中心に穴があいていて、木が植えられるのです。

暑い日は午前中も午後も入ってしまいます。水遊びの大好きな幼児に大人気。足を入れているだけでも涼しい〜。

外にほったらかしにしていても傷まないブリキのじょうろ。景色をより味わい深いものにしてくれます。

黙々と庭をつくっていくのっぴ。何度ホームセンターに通ったことでしょう。

我が家自慢のウッドデッキには、夏になるとプールが出現します。木の壁のおかげで外からの視線が気にならないし、片づける時はそのままザーッとデッキに水を流せて、プールを物干竿に引っかけるだけ。ああ、ラク！ 極楽！

ここではバーベキューも行えるし、雪が降れば雪だるまをつくれる。月が出れば月見ができる。ここで〝ちょっとひと息つく〟だけで、とびきり贅沢をしているような気持ちになれる。**外で過ごすって、なんでこんなに楽しいんでしょうね。**

ウッドデッキから勝手口に続く通路は土がむき出しでしたが、のっぴが草を植えたり石を置いたりしてくれて、いい感じの空間に！

NATALIE's VOICE

あみいちゃんの妹
ナタリーによる

「この家にプライベートはあるのか」

こんにちは、三鷹の家をすごい頻度で訪れる妹・ナタリーです。それでも一応客だから、客観的視点でレポートします。テーマは、「ほぼ壁のないこの家に、プライベートはあるのか!?」。

姉の出産後、「子育て大使」としてしばらく2階の寝室エリアに居住していた私。**嫁入り前の女子として、のっぴお兄さまに着替えシーンなどを見せつけるわけにはいきません。** 兄は一応「上がるよー」と知らせてから階段を上がってくれますが、まあ、言うのと同時に上がってますよ。だから吹き抜け側の木の仕切りがなければ大変なことになっていました。この仕切りが、絶妙！

結果、ほどよいプライベート感があり、家族の気配も感じ、吹き抜けの開放感もある居心地のいい家だと言えます。ああ、だから毎週来ちゃうんだな。

家族のたてる音は聞こえるけど姿は見えず、こちらも丸出しではない。とにかく、程よい。人の気配を感じると、リラックスして過ごせます。

赤ちゃんが生まれた直後は夫婦のベッドが1階に移動していたので、空いた場所に布団を敷いていました。

COLUMN

スタイリング相談会 レポート

無印良品のスタイリングアドバイザーさんが、ひとりひとりのお客さまに合わせて、素敵なコーディネートを提案してくれるという熱い企画。その名も「スタイリング相談会」。今まで着てきたテイストの服とか、体型に関する悩みとか、好きな系統の服とか、挑戦したい服とか、アンケートに答えてれば、おのずと自分の課題が見つかる仕組みになっています。

1日目 （左から、のっぴ、あみい、娘）

私→トラッド少年のような感じ。のっぴ→白シャツ着たい。という願望が見事に叶えられておりました！

2日目 （あみい、娘、のっぴ）

親子コーデを目指してつくってくださったコーディネート。のっぴと娘のスタジャンがかわいいね。

3日目 （のっぴ、娘、あみい）

今回、全体的に着回しの効く白シャツをメインに組んでくださっています。自分の持ってる「このアイテムを使ってください」てな感じで相談してもいいとのこと。

まとめ

どのアイテムを買おうかな〜、と悩むこの時間がとても楽しかった…！　実際にどのアイテムを購入するかは、予算を決めていくと、楽に決定できるかもしれません。私は今回登場した３種類のパンツが、あまりにも体にフィットしたので､3点とも買うことにしました。のっぴは当然白シャツ！　娘は冬に欠かせないボアのベストや、ピンクのしましまのワンピース､ジャンパースカートなどをお買い上げしました。しめて６万円くらい。ふへえーっ。皆さん、気に入ったコーデはありましたか〜？

5日目（のっぴ、娘、あみい）

とってもお気に入りのコーディネート。ボアベストでばっちりお揃いでございます。のっぴは、白シャツにニットベストを着て、その上にボアのベストを羽織ってます。

4日目（のっぴ、娘、あみい）

娘はよく男子に間違われるのですが、だからといってピンクのフリフリは着せたくない。そんなお話をしたところ、ちゃんと女の子に見えて、かつかっこよくしてくださいました。

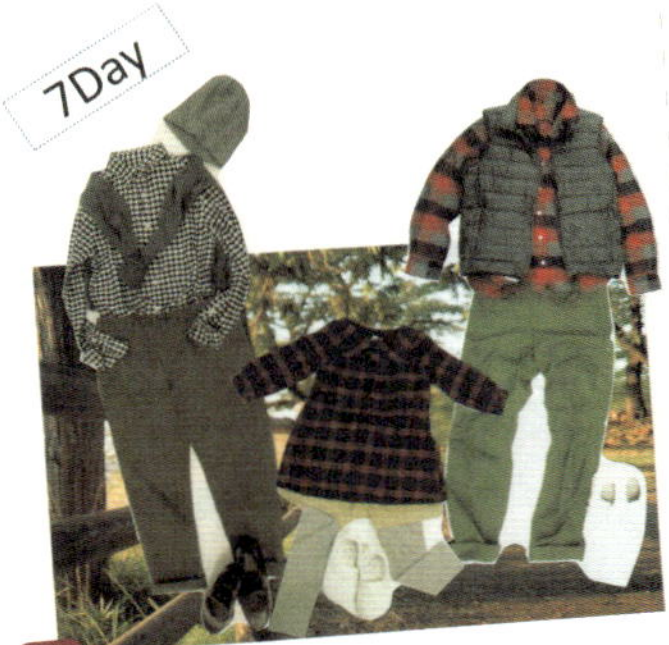

7日目（あみい、娘、のっぴ）

先ほどまで出ていたアイテムもちらほら。着回し力って本当に大切ですよね。同じ服でもこんなに違って見えるのには心底驚きです。公園なんかにお出かけしたい感じ！

6日目（あみい、娘、のっぴ）

娘くらいの子にとって白いシャツはとても便利。冠婚葬祭にも使えて重宝するんだって。のっぴは、今まで避けていたＶネックが意外と似合っていると、驚いておりました。

COLUMN

灯りにホッとする

夜の三鷹の家

おかえりー

これまで私が持っていた家の電気の概念って、部屋の真ん中にひとつピカーッと光っている、というものでした。そしてとくにこだわりもなく…。

三鷹の家には、スライドさせて照らすところを自由に変えられる照明器具が、そこいらじゅうに設置されています。必要な場所に必要な灯りを持ってこられる便利さはもちろんなのですが、**いくつもの照明によって生み出される陰影の美しさにびっくり。**木の色合いにさらに温かみが出て、家全体が優しく灯ったようになります。

時折、先にのっぴが帰ってきている家に帰宅すると、道の向こうにオレンジ色の暖かな光が見えてホッとします。これぞまさに、帰りたくなる家。帰ってくるのが嬉しい家と言えましょう。

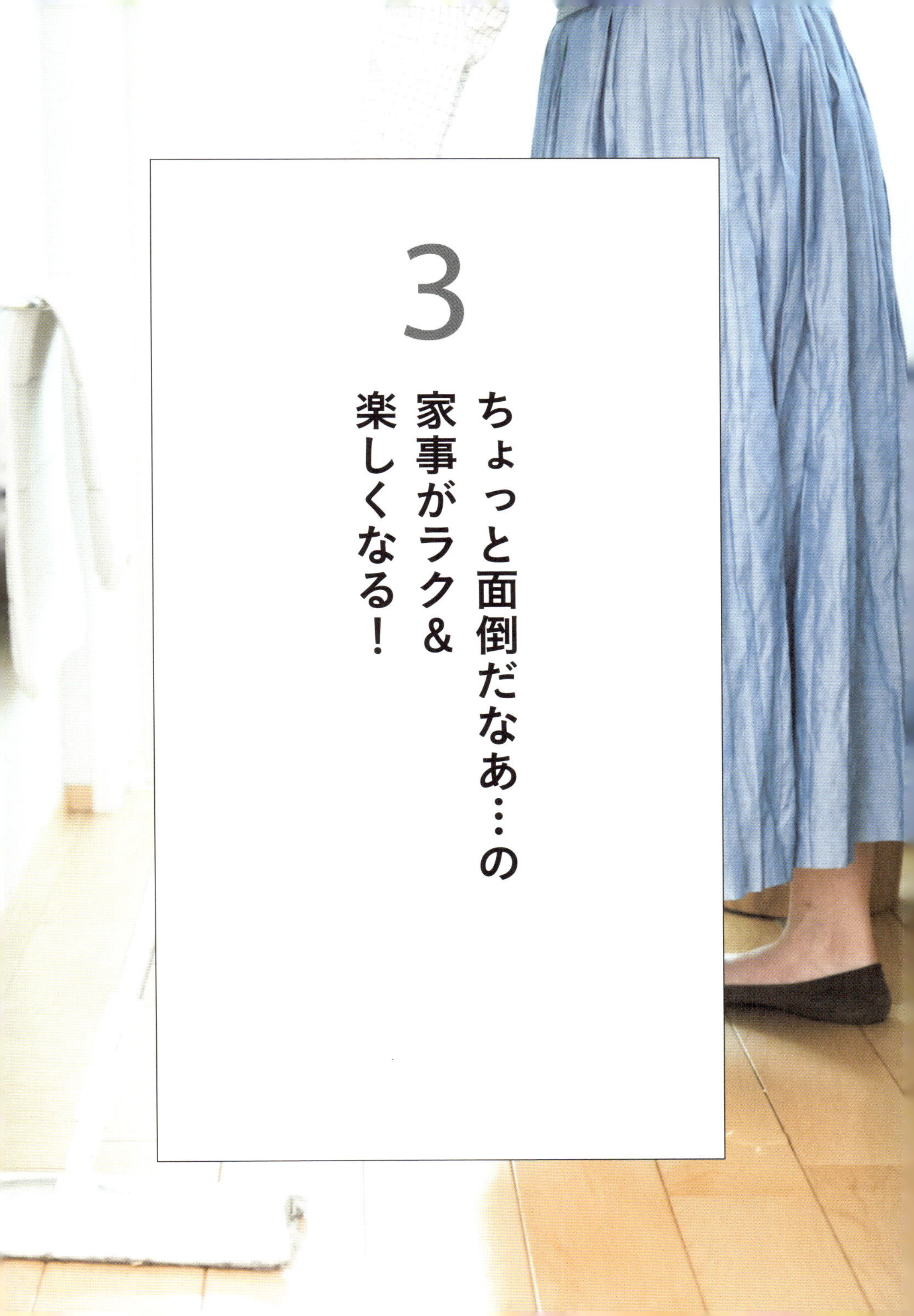

3

ちょっと面倒だなあ…の家事がラク&楽しくなる!

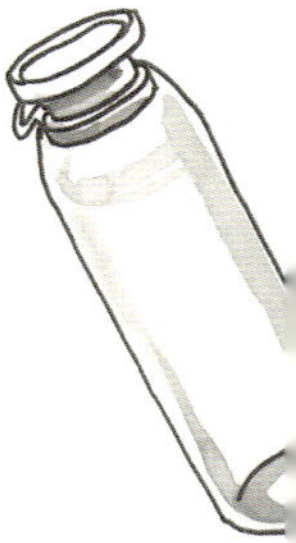

家事をラクにする家

以前住んでいた賃貸住宅は、キッチンにいると孤立状態に陥る間取りでした。狭いし、寒いし、会話はできないし、イライラしながら炊事をする始末。

一方三鷹の家は、どこもかしこも、もちろんキッチンもオープンスペースなので孤立をしない私がいます。孤立どころか、**私中心で家が回っている感じすらします。**妻だ母だというものは、とくにキッチンに立つ時間が長いもの。一生で考えればどれだけそこで過ごすことになるのでしょう。家族とコミュニケーションをとりやすかったり、居心地がよかったりというのは家事のしやすさに直結する気がします。

また部屋の仕切りがないことは、炊事だけでなく掃除の助けにもなっています。一カ所のコンセントで、フロアすべてに掃除機が届いてしまうラクさときたら！　どこにいても子どもに目が届くことも、家事の大きな助けです。

この家は家事全体の負担を減らしてくれたわけですが、自分自身にも変化がありました。こんなに素敵な家にいるのに、汚くしているなんて落ち着かないのです。もちろん私の掃除や整頓は完ぺきとは程遠いのですが、私なりにきれいを保とうと、自然に行動できるようになったのでした。

皆で料理ができる広々キッチン

無印良品の家のキッチン台は、1mを超える巨大魚を持ち込まれてもさばけてしまう広さをほこります。友だちが来て「何か手伝おうか?」となっても、狭さゆえ断ることもなく「お願い!」と言えちゃう広々空間。夫婦で一緒に作業も楽々です。さらに、多少汚れてもそれが味になるという、主婦にとってありがたいプロ仕様のステンレス素材。厨房感があって、アガる〜!

キッチン台と背後のシェルフの間が1.2mあいていることも、複数名が厨房に入ってもゆとりありの要因。そして、振り返って一歩踏み出せば、何でも入っている大容量シェルフに手が届くのが本当にラク。仕事から帰って超特急で夕食の準備!なんて時だって、**効率的に手早く動ける、使い勝手のよいキッチンなのです。**

耐熱ガラスピッチャー

アルミフック
マグネットタイプ

ステンレス
みそこし

ステンレス
マッシャー

グラス350ml
グリーン

ステンレスケトル

アカシア ボール

ステンレス
調理用トング

お気に入り！
無印良品のキッチングッズ

これだけの数のお客人が動けるキッチン。

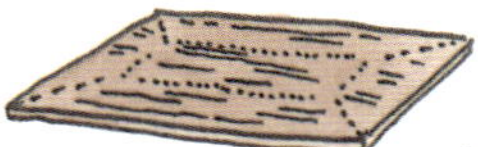

ケタックランチョンマット

落ちワタふきん

娘よりでかいシイラも悠々さばけた。

無印良品のホーローと食品でワーママ大助かりのつくりおき

くるくると忙しすぎてバターになっちゃいそうなワーキングマザーの皆さんに朗報。**無印良品の料理素材を使うと、ものすごく簡単・短時間で美味しいつくりおきができてしまうのだ！**

さらにそんなつくりおきライフを助けてくれるのが「バルブ付き密閉保存容器」。しっかりと密封してくれて液だれ知らず。真ん中のへそみたいなバルブを引き抜くとブシューッと空気が抜け、密封が解けるという仕組みです。ヘビロテすぎて、大小7つもスタンバっています。

向かいに住む親友、アッコちゃんと一緒に、主婦の味方のつくりおきレシピを考えたよ。ていうかむしろアッコちゃんがぜんぶ考えてくれたよ。だってCafé&Meal MUJIの店員さんなのだもの！　しかもぜんぶ、無印良品の料理素材を使用。3つつくって、調理時間45分という楽ちんさ。素敵！

＼まとめ／

どれもこれもが、とっても簡単…！
ホーロー容器を利用しながらつくると、洗いものもたったこれだけ！
オーブンに入れられるし、そのまま食卓にも出せてしまう。
無印良品の料理の素、ホーロー容器、そしてアッコよ、ありがとう…。

特別にレシピを紹介します！

ミネストローネの素を使ったラタトゥイユ

《材料》
なすび…1本
人参…1本
ズッキーニ…1本
お砂糖…小さじ1
トマト缶…1個
素材を生かしたスープ
　ミネストローネ(無印良品)…1袋

1 野菜をとにかく切る
2 深めの鍋で炒める
3 火がだいたい通ったらミネストローネの素を投入
4 トマト缶とお砂糖を入れて煮込んで完成

使い方たくさんな
ホーローのよさを伝えたい!!

ホーロー(琺瑯)とは、金属素材の表面にガラス質の釉薬を焼き付けたもの。丈夫で熱伝導率がよく、美しい見た目も兼ねそろえた人気の素材です。そんなホーローを使った保存容器の素晴らしさをぜひ、お伝えしたい！

よさその1
においがうつりにくく、どんな食材でも入れられる。

よさその2
雑菌が繁殖しにくく、保存効果が高い。お弁当箱や糠床入れにも向いている。

よさその3
直火にかけたりオーブンに入れたりできる。

よさその4
見た目が美しいので、そのまま食卓に出せる。保存、調理、器の3役をこなす！

よさその5
熱伝導が高いから温まるのが早い。ゼリーなどを作る際には、冷えるのが早い。

よさその6
鉄素材よりも食材が焦げつきにくい。

よさその7
水性ペンでホーローに直接「にもの」「カレー」などメモができ、サッと消せる。

よさその8
重層を使うとすぐに汚れが落ちる。

ホーローを取り入れて、レッツ便利でオシャレなお料理保存！

ぜ〜んぶ無印良品の食品で職場の人をもてなしました

無印良品の食品だけでパーティを催せるのか、実証！

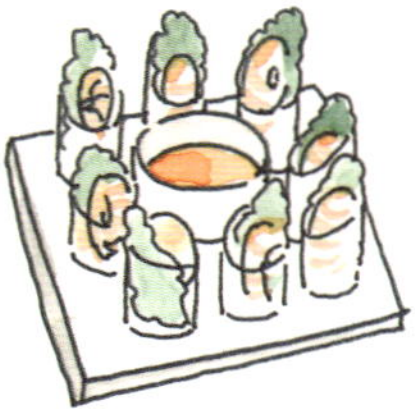

ソースがうまうまの「ベトナム風生春巻き」。巻きが甘かったのが悔やまれますが、味は本格的！

タイ風焼きそばである「パッタイ」。自分ではじめからつくると調味料など揃えねばなりませんが、キットなら手間いらずで本格的な味が楽しめます。これ本当に美味しい。リピート決定。

子どものお客さま向けに「自分でつくる ベイクドチーズケーキ」。手軽につくれて焼き型もついてるので、普段お菓子づくりしない人にもいいですな。

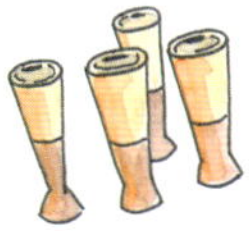

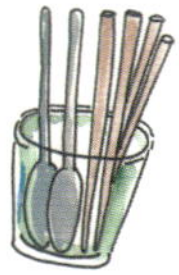

家のモニターに当たったことだし、職場の皆さんをお招きしてパーティしようと思いつきました。しかし問題は料理。おもてなしの自信がありません…とそこで閃いた！**ぜんぶ無印良品の食品を利用すればいいんだ！** やろうと思ってもなかなかできないこんな企画。せっかく大使なのだもの、是非とも実行してみたい。

で、当日。私はお酒を飲みだして3秒で酔っぱらってしまうほどごきげん。無印良品のみの料理はというと、大変好評をいただきまして、無事にパーティを盛り上げることができましたとさ。

※いくら無印良品のものといっても、食品と被服は自費でまかなっております。

お招きした奥さまランキング
～木の家の人気ポイントは!?～

BEST3!

3位

2階の収納スペース

「大容量壁面収納かつ、ぜんぶ隠せるところが魅力的」「風の通る収納ってステキね」など絶大な支持を受け、堂々のランクイン。

2位

ウッドデッキ

「オープンスペースなのに外からは見えなくて絶妙」「子どもと戯れられる」「犬小屋を建てたい」など、夢が広がるウッドデッキでした。

1位

キッチンのホワイトボード

キッチンシェルフの前の扉がホワイトボードになっています。この家で試験的に設置しているとのことなので、この評判を関係各位にお伝えしたいところ「家族の伝言板にいい！らくがきも楽しい」「レシピを貼れるね」など大人気！　家族との情報共有には本当に便利で、来客の多い時期に誰がいつ来るかなどを書いておいたものでした。

2013

「自分でつくるヘクセンハウス」半分は私が飾り付けた「ハッピーファミリー」。もう半分はのっぴ(夫)作で、テーマは「ハッピーファミリーダークサイド」らしいです。

2015

のっぴが説明書も見ずに黙々とつくっておりました。どうやら我が家のようです。吹き抜け、ベッド、キッチンも正確につくり込んでありました。すごい！

玄関にはリースを飾り、内外に豊かな感じをアピールすることが大切。毎年同じリースですが、いいのです。

クリスマスを迎える

三鷹の家で初めてクリスマスを迎えた2013年の冬。あみいちゃんもうすぐ出産ということで、夫婦ふたりでクリスマス限定販売だという、無印良品の**「生地からつくるヘクセンハウス」をつくってみました。**ヘクセンハウスとはドイツ語で「お菓子の家」のこと。クッキー生地を焼いて組み立てるのです。なかなか贅沢なひと時でした。

翌年のクリスマスには1歳になりたての娘がいて、お菓子づくりをする余裕はなし。友人にいただいたモミの木(本物)を室内に入れて、娘が片っ端から外そうとする中必死で飾り付け。

そして2015年。組み立てるだけのヘクセンハウスキットにするはずが、のっぴはまた生地からつくるやつを買ってきました…。

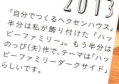

娘と手づくりバレンタイン

娘が生まれた時から、「いつか一緒にバレンタインの準備できるのかな」と、ガールな思いを馳せておりました。2月に入ると、さっそくバレンタイン限定販売の「自分でつくるトリュフ」と「自分でつくるチョコチャンククッキー」をゲットしてきて制作開始。チョコは湯せんではなく、三鷹の家の冬の日向で溶かしましたよ。

と、ここで異変。娘、私と順に高熱を発し、ダブルインフルエンザと判明。いや実は、それ以前に具合の悪かったのっぴ。トリプルインフルで、一週間ほど自宅謹慎の一家となりました。謹慎中、先に元気を取り戻したのっぴは自発的に改めてふたつのキットを制作。あなたに贈るためのものなのに…すまん、夫。

トリュフ

コロコロコロコロ、ラップでくるんで手で丸めます。娘も参戦し、夢の共作が実現！　本格的な風味で美味しいチョコでした。

チョコチャンククッキー

混ぜて、丸めて、焼く。こちらもすごく美味しい！　某有名コーヒーチェーン店のクッキーみたいな高級感です。

ほかにもおすすめ！無印良品の美味しい食べ物選

おすすめせずにはいられない、
無印良品の美味しい食べ物を
ちょこっとご紹介します。

フライパンでつくるナン

生地をこねてフライパンで
焼くだけのナン。
のっぴがつくってくれます。
普通のカレーも特別な感じに…！

自分でつくるガトーショコラ

のっぴ、妻と娘が里帰り中にショコラ焼く…。所要時間 40 分と書いてあるのに背中を押され、本当に 40 分（焼き時間 20 分含む）でできてびっくり。ちなみに平らげるのに 10 分かからなかった。
※クリスマス、バレンタイン時期のみ販売。

手づくり醤油の素 にんにく醤油

醤油を注いで一晩立てば、
想像以上のにんにくの風味が！
我が家の安物の醤油が
たまらない味に仕上がってます。

Café&Meal MUJI 新宿の
アッコちゃんおすすめ

定番→　「素材を生かしたカレー バターチキン」

本格派→「素材を生かしたスープ 蟹のビスク」

スイーツ編

「アイシングがけレモンバウム」

「ブールドネージュ」

※アイシングがけレモンバウムは
季節限定販売。

洗濯もしやすい家

梅雨、秋雨、夕立と、日本は雨の多い国であります。そんな時の洗濯物は大変。乾燥機にかけるとしわがついてしまいがちなので、やっぱり自然乾燥したいのです。そのうえ共働きの私どもは、平日に洗濯する余裕はなく、まとめて週末にしています。1週間分の洗濯物の量たるや、すごい。

そこで助かるのが、この家には洗濯物を干せるスペースが豊富だということ。**庇のあるウッドデッキや、吹き抜けの内側にぐるりと干せてしまうのです。**これ、「木の家」に住む人はみんなやってるだろうなあと思う。部屋干しは、部屋の湿度を上げてくれるので冬場などは一石二鳥ですね。

無印良品グッズでお洗濯

アルミ角型ハンガー
とにかく丈夫！こわれにくい！
いっぱい干せる！そこに
シビれる！そして風にもとばされない！

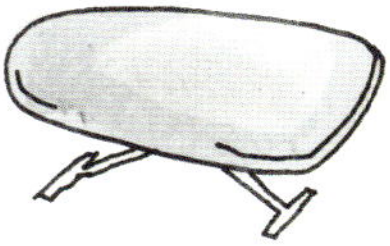

アイロン台
Simple is Best
グレーの折りたためる
アイロン台です

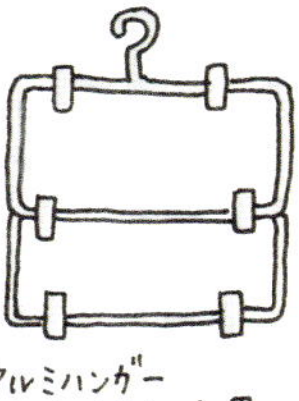

アルミハンガー
パンツ／スカート用
3つ吊るせるので
すごく便利！！場所とらず！

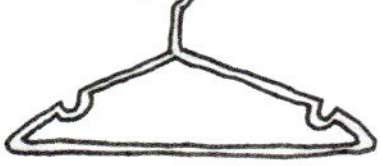

ポリプロピレン
のハンガー
この普通さが
よい。白い所もよい。

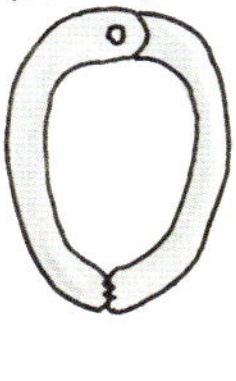

ポリプロピレン
ふとんバサミ
その名のとおりだ。
よくふとんをはさめる。

2階から

1階へ

毎日のおうち掃除

無印良品の方にアドバイスを受け、掃除機を2階に収納するとともに2階から掃除機がけを始める習慣がつきました。**ほこりが舞う関係で、上からやるのが基本なんですって。** 2階をぐるりとかけて↓階段を下りながら↓1階をぐるりの順。

そして掃除でも大活躍の無印良品。伸縮式ポールの先を、モップだのお風呂スポンジだのにチェンジして家中をお掃除。便利です、長い柄。

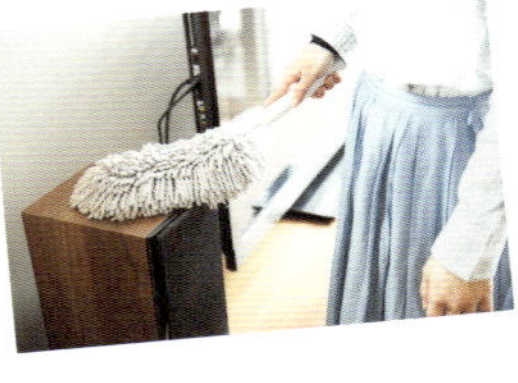

「掃除用品システム・マイクロファイバーハンディモップ」でどこでもほこり取り。手の届かない吹き抜けには「マイクロファイバーミニハンディモップ伸縮タイプ」。シーリングファンにも届きます。

変身

汚れのたまりやすい脱衣所は、「フローリングモップ」でサッサッと。ポールを「バス用スポンジ」に付け替えたら、お風呂掃除もサササッと。

たまにがんばる大掃除

「木の家」といえばの大きな窓とウッドデッキ。普段の掃除では手が行き届かず、ついつい汚れを溜めてしまいました。そこで新兵器投入！　プロが使うような窓ふきグッズ（なんと電源を入れて使う）や、某有名高圧洗浄機を買ってきました。

文明の利器を使っただけあって、それはもうきれいになるわなるわ。**心の汚れまで流し去ったような気分です。**長い付き合いになるこの家、メンテナンスを怠らずに大事にしていきたいと思うのです。

非力なあみいちゃんでもすいすいかけられる高圧洗浄機。はだしでデッキ掃除、気持ちいいです。

汚れというより木のアクが出ているだけなので、放っておいてもいいそう。でも洗浄したら木目が美しいこと！ 心晴れやか。

仕分けケースで旅支度

実家が遠方なので、そして子どもが小さいので、荷物が多くなりがちな私。荷造りにはコツが必要となってきますよ。そこでベッド下収納(53ページ)にも登場した仕分けケースが再登場。私にひとつ、娘にひとつ…と人ごとに分けて入れています。**ものすごくたくさん入るうえに、中が把握しやすい！** 圧縮袋より開け閉めもラクで、出し戻しだってしやすい。

色やサイズもさまざまで、感覚的に誰の服が入っているのか理解できます。

ぎっしり

実はこんなに詰まってる！ 飛行機内に持ち込めるサイズのキャリーバッグにぴったり収まりました。

COLUMN

こうは!!
男無印
男が選ぶ無印良品
Best Selection

どうも、三鷹の家大使ヒゲめがね担当ののっぴです。私の写真が出てくるにつけ、**「庭を育てる前に、もっと育てるべきところがあるだろう」**とお感じの方もいることでしょう。あなたの想い、届きましたよ。

とはいえ、ヘアケア関連の製品を手に取ってみると、「トラブル頭皮」などという遠回しすぎて逆に失礼に思える表現が見当たります。「こちとら一切トラブってませんし！　むしろ家系に伝わるトラッドですから！」と、ヘアケアを頑なに拒みたくもなるのです。

しかし伝統を重んじると同時に、抗うことも進化のためには必要。ひとつ色々、試してみますよ。

85
木柄ヘアケアブラシ
優しいナイロン毛とワイルドな獣毛が頭皮を適度に刺激する攻守ともに勝れた逸品
1800G

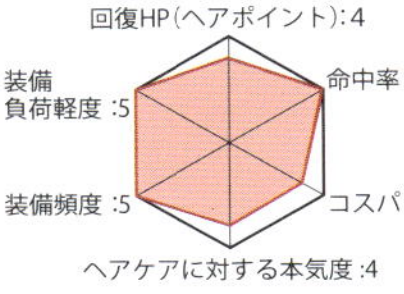

回復HP(ヘアポイント):4
命中率 :5
コスパ :4
ヘアケアに対する本気度 :4
装備頻度 :5
装備負荷軽度 :5

木柄ヘアケアブラシ

そんなに短髪でこのようなブラシが必要なのかとか言うなかれ。すべて頭皮を制する者がヘアの質を制するのです。

36
リフレッシュヘッドスパ
「ヘアケア界の遊び人」
これまで感じたことのない
使用感がたまらない
*****G

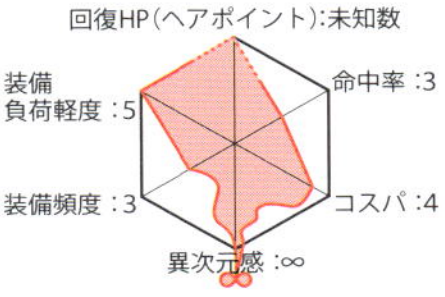

回復HP(ヘアポイント):未知数
命中率 :3
コスパ :4
異次元感 :∞
装備頻度 :3
装備負荷軽度 :5

リフレッシュヘッドスパ

来客があると必ず話題に上る、実用性より話題性に優れた「ヘアケア界の遊び人」。感じたことのない使用感がたまりません。

※販売終了

64
頭皮ケアブラシ・ハード
手のひらが小さい僕がもてあますことのないほどよい大きさが扱っていてここちよい。
ハードさ加減もちょうどいい
399G

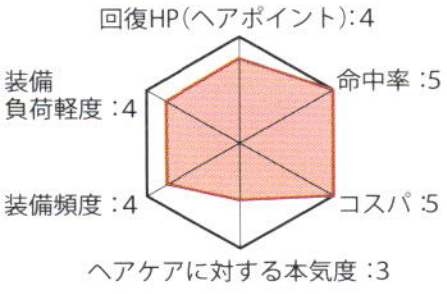

回復HP(ヘアポイント):4
命中率 :5
コスパ :5
ヘアケアに対する本気度 :3
装備頻度 :4
装備負荷軽度 :4

頭皮ケアブラシ・ハード

持った時に感じる掌のフィット感。狙いどおりの箇所を思ったとおりに刺激できます。

まとめ

そんな私のどうでもいいチャレンジをよそに、
庭では沈丁花が花を咲かせています。
こんな調子で育つといいですね！　色々。

美容アイテム紹介

家や家具、調理器具などはもちろんですが、お肌までも無印良品に守られているのです。

ホホバオイル

娘が激しく乾燥するタイプの肌で、病院でもらってるクリームをつけていても体中が掻き傷で痛々しい…。クリームの上に、水分を逃がさないようホホバオイルや馬油を塗るのがよいと聞き、探しに行ったらやっぱりあった、無印良品。2500円で200ml。ホホバオイルにしては低価格だー！　これを塗り始めてから、娘の乾燥がかなり改善されました。ガチおすすめ。

スプレーヘッド

母というものは常に時間との闘いなわけですが、化粧水を塗る暇もないんですよ。しかしこのスプレーヘッドをつけたら3秒くらいで顔中に散布できるので、神なのかな？と思いながら使っています。ためしに手に6回ほどプッシュしてみたんですけど、意外と出てる量が少ない。化粧水の節約もできます。いいね×400万回です。

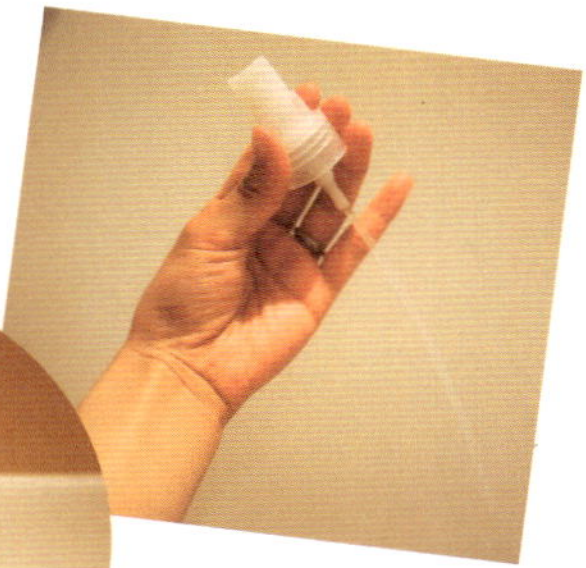

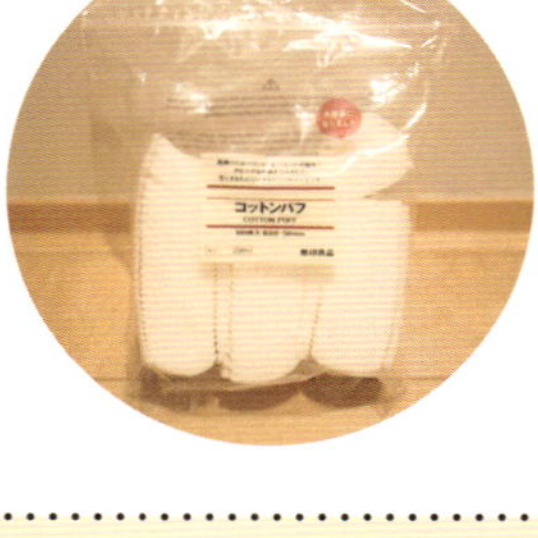

コットンパフ

無印良品のコットンパフは、たっぷり入っているのに税込250円というお手頃価格です。私は、型くずれしにくいサイドシールタイプのものがお気に入り。ほかにも、無印良品には、はがして使えるコットンとか、生成カットコットンなど色々なタイプがあるので、お気に入りを見つけてみるといいですよ。

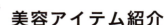

4

健やかに大きくな〜れ！
無印良品グッズで子育て

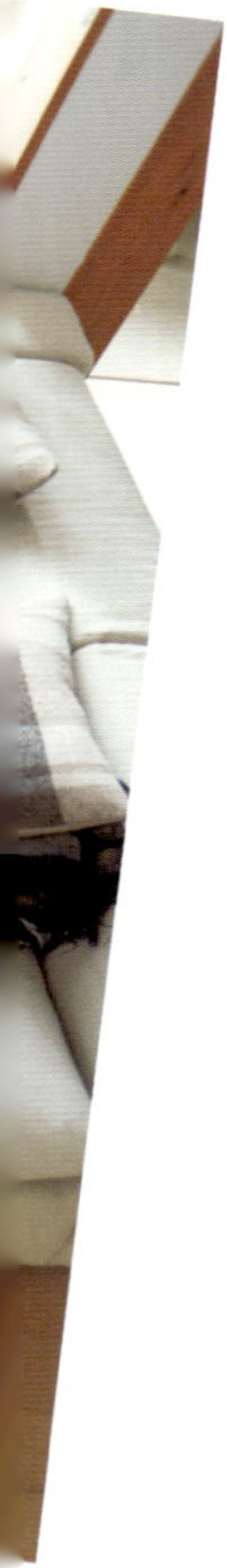

子どもも ママも嬉しい アイテムと家

部屋を区切る壁がないうえに、透明な仕切りが多いため、子どもがどこにいるのか常に目の端にとらえておくことができるこの家。友だち親子が遊びに来た時だって、子どもは子ども同士遊び、大人は大人同士でお茶していられます。こんな時間がいかに大切か。

そもそも、**窓が大きかったり、アクリルを通して下が見えたりというのは、子どもの好奇心を誘うらしく、よく「家と遊ぶ」ような光景を見かけます。**よその子が遊びに来た時も同様で、子どもにも嬉しい家のつくりと言えましょう。

そして無印良品のマタニティ、育児用品には本当に助けられました。機能性が高くて、何度洗ってもへたらない。初めての妊娠出産で何が便利なのかもわからない中、無印良品から「こういうの便利だよ、どう?」と教えてもらっているような感覚がありました。

産前・産後・授乳期・ノーマル時のいつでも快適に着られるマタニティウェアなど、使用期間が短いと思われがちなグッズまで、長いこと愛用できています。妊娠や出産でどれを買ったらいいのかわからない人はとりあえず、こちらで揃えておけば間違いないんじゃないでしょうか。

元は私の作業スペース。真ん中はソファの鎮座するリラックス空間でした。

before

新生児を迎える ベッドをキッチン前に移動

無印良品のベビーベッドはレンタル品のみ。使う期間が限られているため、「良い品をシェアして使う」という意向なのです。結論から言うと娘は大人のベッドで添い寝ばかりだったので、本当にレンタルでよかったです。

モビールをつくって飾り、赤ちゃんがやってきてくれるのを待ったものです。気分が上がったな〜！

入居して1年経たずして、無印良品の家に赤ちゃんがやってくることに！

そこで、迎えるための模様替えをしました。キッチン前スペースに、ベビーベッドと親のベッドを置くことにしたのです。なぜなら、夜中にミルクをあげる際、2階の寝室からキッチンまで上り下りするのが大変だから。

3人分のベッドは、キッチン台下の収納やベッド下の収納を外すなどしてぎりぎり入りました。この配置は便利！

そしていよいよ、ベビーベッドがうちに運び込まれました。想像していたより2倍ほどでかい。レンタルにしておいてよかったな。

そして元々ここにあった私の作業机はリビングの玄関横へ移動。起きたらすぐに行ってあげられる、ベストポジションです。

スクリーンで個室をつくる

ベッドをキッチン前スペースにぎゅうぎゅうに詰めた結果、水場とベッドが近すぎるという問題が。そこで解決のための工夫を凝らしましたよ。キッチン台とベッドの間にロールスクリーンを設置しました。これで水や油がベッドにはねることはありません。光も遮るので、寝ていてもキッチンで静かめの作業ができます。この家にはドアのあるようないわゆる「部屋」がないのですが、**ちょっとした施工でいつでも個室をつくれてしまうのです。**

ついでに、このスクリーンにはプロジェクター投影もできてしまうのです。

ロールスクリーンと柱の間に、カーテンをつけました。天井に湾曲したレールを敷けば、あっという間！　両方閉めれば完全個室になり、落ち着いて授乳できます。両方開ければ元通りのオープン空間になるというフレキシブルっぷり。

階段下とキッチンの安全対策

成長とともに活発に動くようになる娘。行動範囲の拡大とともに、安全対策が必須となってきます。とりあえず生後半年の時点で気になったのは、階段下の角にゆっくりと頭をめり込ませて泣いていた件。

どうしたものかと思いあぐねている時、見学に行った「縦の家」（110ページ参照）でヒントを見つけました。筒状の発泡スチロールで角を覆っていたのです。さっそくうちにも導入。いい具合のクッションになりました〜。

ハイハイで移動できるようになると、私の後を追うように。かわいいのですが、台所でも足元をうろついてしまい非常に危険。油でもはねたら大ごとです。というわけで、のっぴ自作のバリケードを作成。ネットはピーンとはっておかないと子どもが怪我をするので、工夫が重要です。

ネットと枠は、100円均一に売ってるものでしっかり固定しています。

ベビーベッド下にもしっかり収納

娘・生後2ヵ月半

ベッドから体を起こせば夜中でもミルクがつくれるようにと、ベッドをキッチン前に持ってきたわけですが、娘2カ月半のころ完全母乳に移行。ミルクをつくる必要がなくなったので、ベッドを2階に戻しました。

2階の大きいベッドで寝る娘に合わせて、私の作業机も1階から2階のベッド脇に移動です。

1階キッチン前にはベビーベッドのみを残し、丸いラグを敷いてキッズスペースの完成。料理しながら見守れます。ベビーベッドの下には、無印良品の収納ケースがぴったり3つ入るシステム。娘の着替えなどはここに収納してすっきり。

娘・1歳〜

ついにベビーベッドを返却。それに伴い、ベッド下にあった娘の収納を階段下に移しました。

当初、中を紙袋で仕切っていたのですが、すぐに紙袋の上をちまちました娘のものたちが横行するように。もう、ぐっちゃぐちゃです。そこで**仕切ケースを導入したところ、非常に具合がいい！** 高さを変えられるのがいいのでしょう。ものが安定して崩れません。もっと早く使えばよかった…。

「高さが変えられる不織布仕切ケース」大アンド小を使いました。商品の裏に取説と寸法があり、店頭でも迷わなかった。

これ すきー

もう2歳になりました

子どものおもちゃはかごに入れて収納。いつでもサッと出して遊べて、片づけも楽ちんです。インテリアとしてもおしゃれ。

リビングに麻畳でゴロゴロできる空間に

before

after

リビングからソファをなくし、麻畳を配置。ローテーブルの下は明るい色の丸いラグにチェンジ。敷いてあるものがすべて明るい色になって広く感じます。濃い目の色の家具のおかげで締まるとこ締まった。

前ページではキッチン前スペースと階段下の変化に言及しましたが、一方リビングはと言うと、私と娘が帰省している間に、のっぴが勝手に模様替えしていたことがありました。男の城なんですって。

しかし結果的に、子育てスペースとして非常によろしい部屋になっていました。**広々した空間があると、子どもものびのび遊べますね。**それに付き合う大人もゴロゴロできます。

リビングから去ったソファは、キッチン前スペースに。ここに座ると、仕切りとして取り付けたロールスクリーンでホームシアターを楽しめるのでした！男の城感がここに強く出ている。

娘も1歳を過ぎると、寝ている時までアクティブになり、寝相がひどくてベッドで昼寝をさせられません。そこでリビングにベビー用の寝具を敷いて寝かせていました。**くつろぎ空間から眠る空間に早変わりできるのが畳のよいところ。**

ここから半年後、ソファはリビングに戻し、麻畳はキッチン前スペースに（45ページ参照）。麻畳は本当に、色んなところに敷いて気分を変えて楽しめますな。

「ベビー用・固わたマットレス」の上に「ベビー用・おねしょシーツ」と「ベビー用・洗える敷きパッド」を敷いています。汗っかきな娘の汗もバッチリ吸水。

リビングテレビボードの横に置いたキッチンセットでおままごと。成長とともに、行動範囲もできることもどんどん変化していきますね。

キッチン前スペースに移動した麻畳の上で、妹ナタリーと遊ぶ娘。

娘がお年頃になったら…間取り未来予想図

完全に閉じた空間が一部屋もないオープンな我が家(むろんトイレ等除く)。今は便利・快適でしかありませんが、娘が思春期ともなればどうでしょう。私だって、若かりしころはひとりきりになれたからこそあれこれ創作活動にいそしめたものです。

無印良品の家は、建築の骨格である「スケルトン」と、組み換えが可能な部分「インフィル」を分けて考えることにより、間取りの自由度を高くしています。好きなところに仕切りを入れられ、またそれを取ることもできる。

現在、旦那の仕事スペース&娘の遊び場となっているキッチン前を、スタッキングシェルフ以外ごそっと2階に移動させ、犬と思う存分戯れられる空間にしたいと思っています。

今は３人並んで寝ているけれど、いつかは娘も「ひとり部屋がほしい」「ひとりで寝る」と言うようになるのでしょう。リラックススペース部分にドアをつけたり、吹き抜け側に洋服ダンスを置いたりして、しっかり個室をつくってあげようと思います。そこでイラストを描くのもよし、ラブレターを書いてもよし。

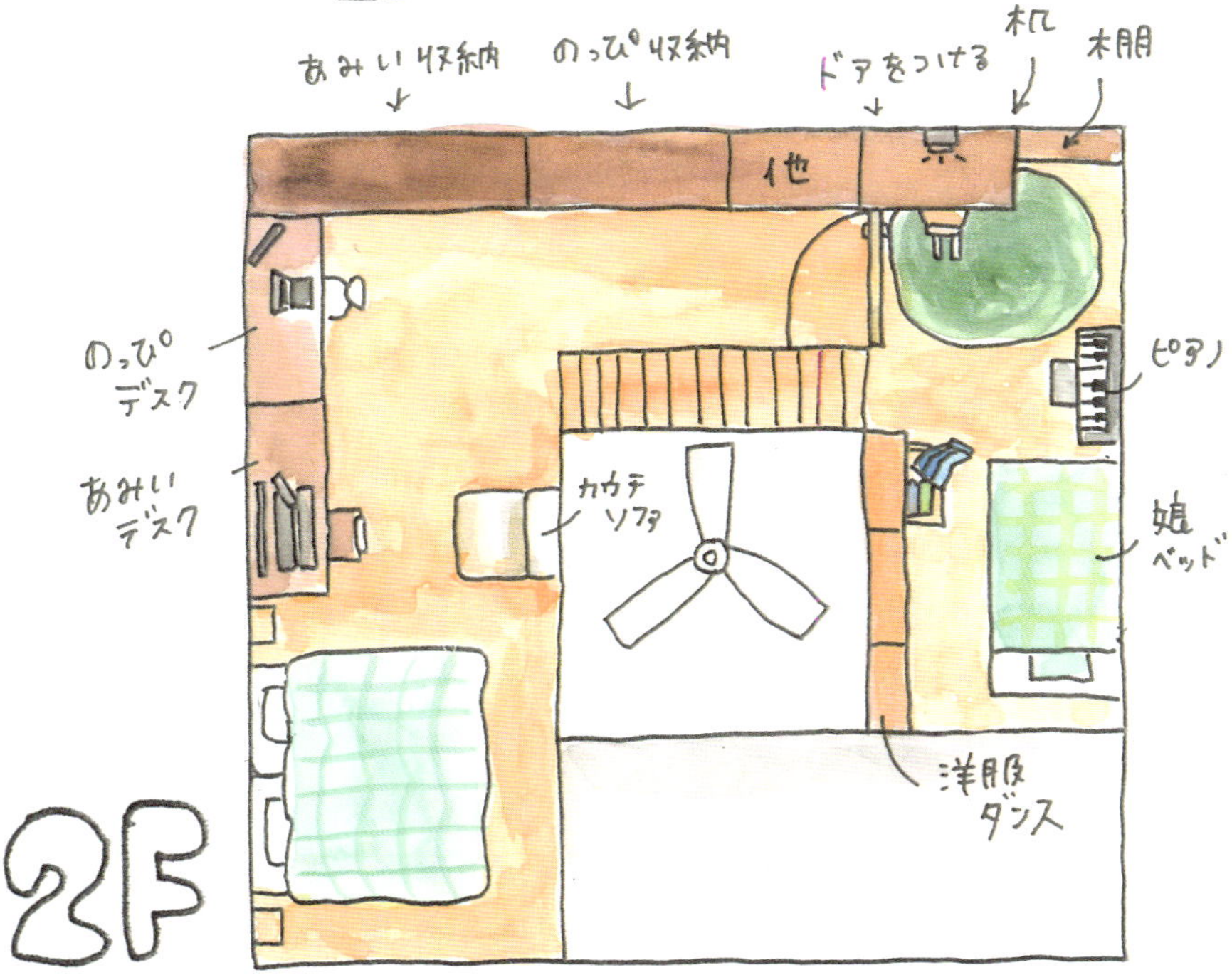

娘が大きくなったらこうしたい

今のところ、大きくなった娘のスペースは、現・リラックススペースかなと考えています。その際壁収納は縮小させ、スペースを娘に分ける。部屋の仕切りは、家具で間仕切りをするのもいいかなとか、吹き抜けの空気の流れは遮らないようにしたいなとか、いろんなことを考えています。犬も飼いたいし、夢が膨らむばかり。楽しみ楽しみ！

無印良品のおすすめ妊婦&育児グッズ

妊娠中のマタニティグッズから産後の育児グッズまで、質の良さと品揃えの良さで私たちを包み込んでくれた無印良品。そこで、利用してみてとくによかったものをご紹介！　ちなみにわたくしあみいのマタニティウェア選びの鉄則は、「産前産後、通常時もぜんぶ使える憎いやつ」です。

ノンカフェイン飲料

妊娠期と授乳期は基本的に、カフェインを摂りすぎるとよろしくありません。少しならいいというけど、心配だったのでルイボスティーばかり飲んでいました。しかし飽きる。いろんなお茶飲みたい。そんな妊婦の願いを叶えるラインナップ。美味しい！

ドリップコーヒー
カフェインレスコーヒー

ウルトラハイパーヘビーローテーションしました。よくあるカフェインレスコーヒーって高いうえに美味しいの少ないんですよ。これは本当に質がよい。コスパ高い！

マタニティパジャマ

産前、産後、授乳期、通常時とまさかの4WAYパジャマ。ウエストを紐で調整できるし、飽きのこないデザイン。着心地がよすぎて、娘が2歳になってもまだ着てます。

シルク混・綿混
重ね履き靴下・2足組

下半身を温め、食べすぎないことで自然治癒力を高めるという冷え取りにはまりました。これぞ妊婦のための健康法です。

マタニティショーツ

はくのをはばかられるその長さ。でもそれが、お腹を冷やさず、締め付けずで最高でした。妊婦仲間の友人もこれをはいていたので、全国の妊婦さんで同じパンツの人たくさんいるんだろうな…と密かにパンツでのつながりを感じていました。

いっしょにはおる
ナイロンダウンキルティングコート

臨月でも前を閉められるコートは貴重。そして赤子が生まれたら、付属のケープを取り付けて、すっぽりくるめます。フォルムもきれいで、妊娠してなくても着られるのがいい！　妊娠中も出産後も、母体の体温が普段より高いので、中のダウンが通常より少なめなんだそう。細やか！

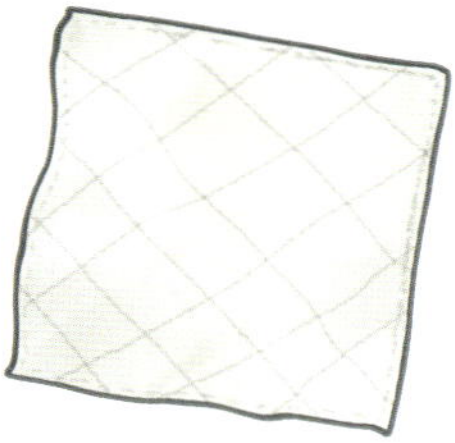

アフガン

いわゆるおくるみ。肌触りがよく、体にフィットするソファや丸いラグの上に敷いて娘を寝かせています。

くまのうでわ

振るとリンリンと爽やかな音が。まだものをつかめない娘のうでにはめてやると、揺らして鳴らしているではないですか！　その間に親は多少なりとも体を休め、「鳴ってるね」と微笑ましく見ていられるのです。そんな時間がとっても大事。

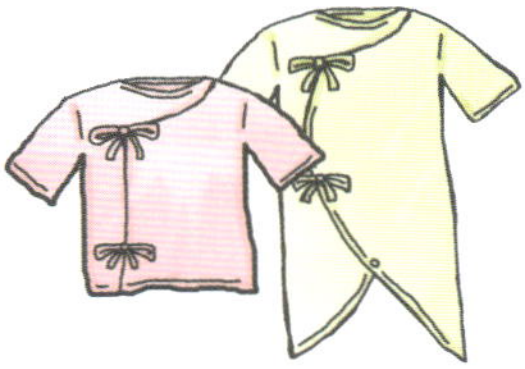

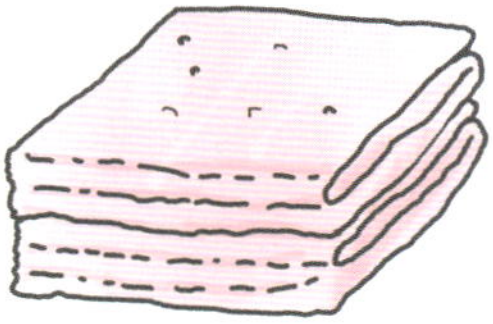

コンビ肌着

水通しをしたら、他メーカーとの差が歴然…！　他メーカー（それも国産品）はごわごわになってしまったというのに、無印良品のは柔らかいまま。というわけでほぼ、無印良品の肌着で過ごしました。

2WAYオール

冬場、肌着の上に着せていました。ボタンの裏側の色が白黒交互になっているので、ボタンを留め間違わない！　風邪をひかせないためにも迅速に着替えさせたい母にとって、ありがたい工夫です。1歳近くになってもパジャマとして着用。本当に使える！

バスタオル

お風呂上がりに使うのはもちろん、ベビーベッドにも敷いています。おむつを取り替える際に汚れちゃったらサッとお取替え。ヘビロテです。

木のカラーつみき

無色のつみきもあります。手のひらサイズで赤ん坊でも握りやすい。

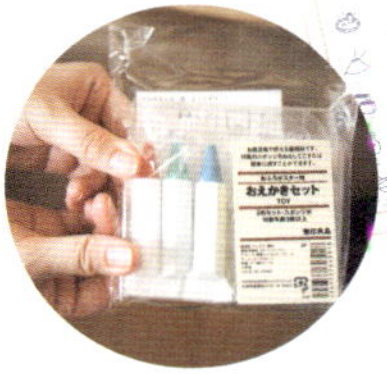

ちずの おふろポスター

まだ1歳のころの娘は、ご当地名産品を指さしてみたり、別購入した「おふろポスター用　おえかきセット」で前衛的な線を描いたりして楽しみました。ほかにもひらがな表やABC表があります。

木のおままごとセット

きのこの感じとか、葉っぱがついている部分とか、是非手に取ってみてほしい。優しいフォルムに製作者の愛を感じます。ほかにもデザートセットなど、おままごと道具が充実。つい揃えたくなってしまいます。

本当にいいものは
人にすすめたくなる！

プレゼントしたい無印良品はこれだ

人をダメにするソファこと「体にフィットするソファ」

とにかく、リラックスできます。北海道の両親に２つ贈りました。後から、ソファにうずもれてダメになっている写真を送ってくれましたよ。

新婚の人に「調理道具一式」

お玉やフライ返し、アク取りにトング、ついでにコースターとランチョンマットをセットにして贈ったことがあります。調理道具って、つい間に合わせで 100 均とかで買って、10 年経ってしまったりするでしょう。機能性が高く統一感のあるセットであれば、キッチンの使い勝手や雰囲気に大きく貢献すると思うのです。

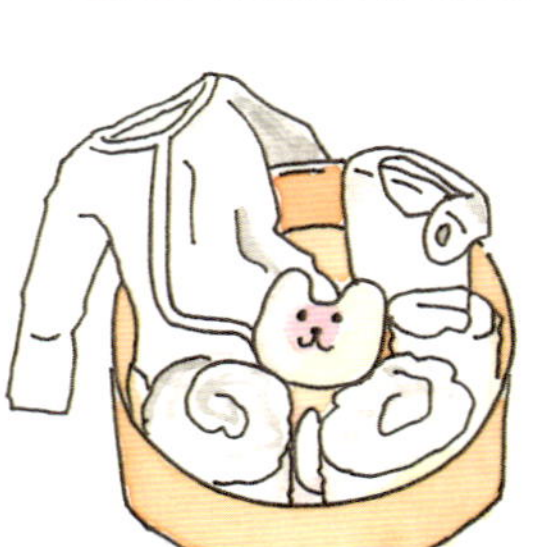

赤ちゃんを迎える人に「新生児ウェア」

本当に、毎日毎日ヘビーローテーションで使いました。他社のものと比べて肌触りが全然違ったのです。繰り返し洗ってもへたらないし、ボタンの色などお母さんに対する気遣いも細やか。

ちなみに…ご近所ママ友
Café&Meal MUJIの
アッコちゃんおすすめ

「カフェで使われている優れもの３選」

木製トレー・タモ：
定食をこれに載せてお出ししています。家でも、ちょこまかとした残り物をこれに収めるだけであら不思議、美味しそうに見えますよ。

耐熱ガラス ポット小：
急須と違ってお茶の色が見えるので、飲みごろもわかりやすい。そして注ぎやすく、洗いやすい。

白磁丼・大：
ほどよいサイズ感と持ちやすさ、落としても割れない丈夫さで大活躍です。どんな料理にも合うのがいいところ。

5

結局いちばん気になる住み心地ってどうなのでしょう…？

至れり尽くせりの住みやすさ家のもたらす、快適で楽しい暮らし

この家の、風が抜けていくところが好きです。四方の一カ所ずつ窓を開け放つと、縦横無尽に風が通り抜けていく。夏は夏なりの、冬は冬なりの快適に過ごすための工夫がこの家には凝らされています。エアコンに頼りもするけど、それが最小限で済むように季節と自然に寄り添っているのです。

そして**この家は、編集によっていくらでも変貌できる可能性に満ちています。**娘の成長とともに必要な空間が変わってくるだろう私たち家族にとって、永い時間をともに歩んでいける家だと感じています。

〝住みやすさ〟に言及すれば、近隣との関係も無視できません。我が家がコミュニティに溶け込めたのには、ウッドデッキの功績があります。デッキ越しにご近所さんとお話ししたり、近所の子どもを招いて水遊びをしたり……ここが家の中と外界をゆるやかに結んでいて、閉ざしすぎていない心地よさがあります。近所の子たちは、娘とまるできょうだいのように一緒に遊んでくれるので、先導されるように、私たち夫婦も地域につながりをつくり、根を下ろせているのです。

〝住みやすさ〟というところを超えて、この家には「楽しく快適な生」を与えられているような気さえするのでした。

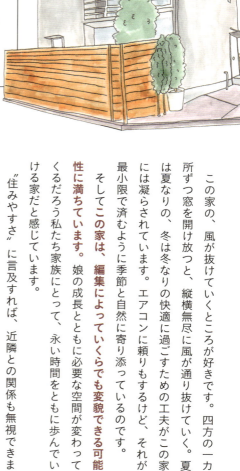

March

冬

夏

自然を最大限に利用する快適温度の家

新しい家に住むにあたって、大切なのが暮らしにかかるコスト。言っちゃえば電気代です。無印良品の家は、コスト0でじゃんじゃん注がれている自然の力を利用しようよ、という家。すなわち、光と風で空調を行うのです。冬は太陽の光と熱を家の中に取り込み、日中を暖かく過ごせるように。暑い時には窓を開ければ風が通り抜けていくように。それでも足りない分を、エアコンで補てんするイメージ。

そして、せっかく入ってきたポカポカ日差しや涼しい空気を逃さないように、家全体が保温ポットのように断熱されています。一度暖まれば長い間暖房なしでも暖かい。そして外が猛暑の時も中への影響が少なく、朝に取り込んだ冷気やエアコンの涼風を、家の中に保持できるというわけなのです。

無印良品の家は、建築の骨格である「スケルトン」と、組み換え可能な建築部分「インフィル」でできています。ここに、太陽と風を利用して空気をコントロールする「＋AIR」を加えた三本柱で成り立っているのです。

そのために、各家一棟ずつ、場所や大きさ、立地や方角を計算して設計し、窓の位置が決められています。これに、ブラインドや落葉樹の導入など、暮らしの工夫を加えることを推奨。各家ごとに快適な温度をシミュレーションし、「あなたの家の電気代は年間これくらいになるでしょう」「そのためにはこの時間帯に窓を開けましょう」というようなアドバイスもしてもらえるのです。すごい。

ゴーヤを育てる

夏場につくるグリーンカーテン。自分の家どころか地球全体に貢献する取組みと言えましょう。ゴーヤ美味しいし、いいことばっか。

落葉樹を植える

葉の繁る夏には木陰をつくり、葉の散る冬には日差しをもたらします。四季を楽しみながら、暮らしを快適に。

すだれをかける

取り外しできるアイテムで日射のコントロールを。風流な夏を味わえる先人からの知恵ですね。

冬はブラインドを開ける

日差しは天然の暖房であります。せっかく降り注いでいる時間帯は遮らずに、陽光を室内に取り入れます。

エアコンつけっぱなしの功名

ことの発端は、入居して間もないころ。**無印良品さんから「エアコンはつけっぱなしのほうがいいですよ」とアドバイスをもらったのです。**そんな…電気代が大変なことになるのではとドキドキしたのですが、やってみたらまあなんと快適なことか！　しかも、さほど電気代に響かなかったのです。これは、驚いた。

冬は、1階のエアコンを20℃設定でつけっぱなし。夏は、2階のエアコンを28℃設定でつけっぱなしに。吹き抜けを通じて暖かい空気が上へ行き、涼しい空気は下へ行くため、四季を通じて1台のエアコンで家全体の温度を調整できたのでした。

理科で習った暖気と冷気の動きをこんなに実感することになるとは…。空気をかき混ぜてくれるシーリングファンがいい働きをしています。

とくに冬場に活躍する1階のエアコン。吹き抜けに位置が近く、効率的。

とくに夏場に活躍する2階のエアコン。奥まったところにあるので、冷気が1階にいきにくい欠点あり。暑い時は1階エアコンでフォローです。

おんどとり

我が家のいたるところに**「おんどとり」という温度チェッカーを設置し、毎時間ごとの温度を記録してみました。**今回は、とっても暑かった８月のグラフを公開します。

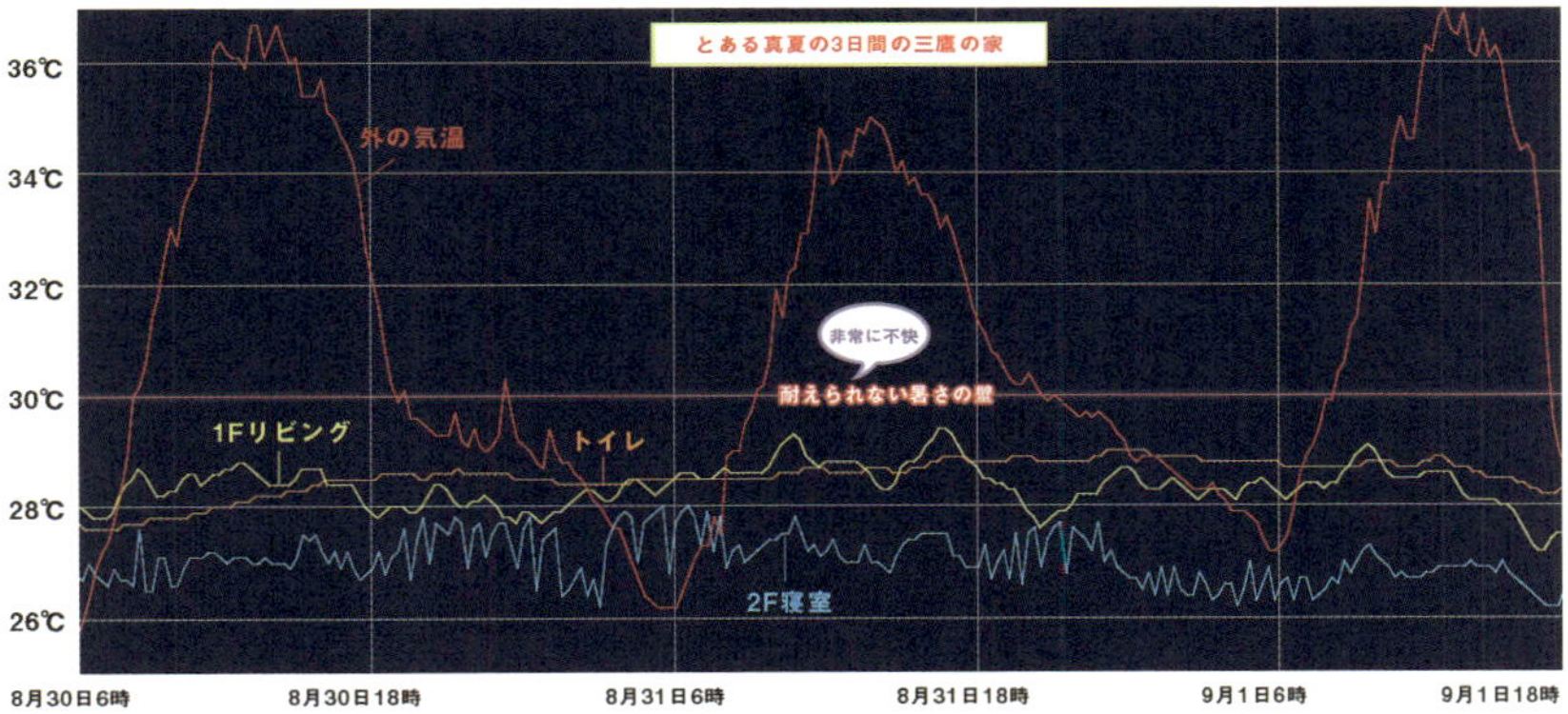

外気が37℃近くまで上がっていても、室温は30℃を超えていません！エアコンの届かないトイレでも29℃以上にはなっておらず、部屋中どこでも快適だということがわかります。

また、家の南側に大きな窓があるので、2階が暑いのでは？と思われがちなのですが、2階はエアコンを常につけているため、1階リビングより温度が低くなっています。1階はつけていないのに、1、2階の温度差も1℃以下、平均でも1．4℃しかないという、非常に優秀な状態。

このグラフから、外気の影響を受けず、しっかり熱を遮断できていることがわかりました。さらに、下までいい感じに空気がまわっている…すごいぜ！

エアコンつけっぱなしで電気代はこうなった！

電力会社との契約内容

●契約種別：従量電灯B　●契約：60A

うちの条件

●家族３人暮らし　●吹き抜け一戸建て　●部屋仕切り無し

●１階 44.57m²／２階 37.17m²　●延床面積（上下階の合計）81.74m²

【冬の使用状況】

●１階のエアコン１台を20℃設定でつけっぱなしに。

●たまにハロゲンヒーターも併用。

↓↓↓↓

家全体がいつもぽかぽか暖かくて幸せ。

３月の電気代

約14,000円

【夏の使用状況】

●２階のエアコン１台を28℃設定でつけっぱなし。

●暑い時は１階のエアコンも併用。

↓↓↓↓

外が36℃以上の時も、家の隅々まで29℃以下という快適さ。

８月の電気代

約11,000円

ほかの一軒家の方に聞いてみると、条件は違いましょうが、２～３万円かかるという人も多い。このくらいで押さえられて、この快適さなら割安です。エアコンをつけたり消したりしていた時（１月）は約18,000円だったので、つけっぱなしはお得なのでしょう。

暖気と冷気をうまいこと通らせてくれる吹き抜けとシーリングファン。この家の宝です。

注：エアコンつけっぱなしの効果は、以下の条件のもと、生み出されています。

冬に日差しが取り込めること／夏の日差しを取り込まない工夫があること／エアコンが高効率（COP＝5.0前後以上）であること／家の断熱性能が温熱環境等級の最高等級４以上であること／家が細かく仕切られていないこと

実は天井が低い三鷹の家！その理由は…

開放感に溢れる我が家ですが、実は天井高230㎝と一般的なサイズより低いらしい。言われないとわかりません！

　これは、吹き抜けとのバランスを考えた末のこと。**寝室などのリラックスしたい空間は、少し低いほうが落ち着いたりするんですって。**ちなみにこの230という数字は、無印良品の家具で間仕切りができるようにと算出されています。ユニットシェルフなどで、ぴったり天井まで仕切ることができるのです。

　天井が低くても開放的なことには、吹き抜けが大きく貢献していますが、ほかにも天井から下がる壁をつくらないなど、さまざまな工夫があります。そのおかげで、天井がどこまでもつながって見えるというわけ。また、サッシや室内建具がすべて天井まで届くものなので高く見える！　細部まで、心が配られているのです。

大きな窓でも覗かれない家

木の家の窓は、ばーんと大きくて開放感に溢れています。しかし裏返せば、外からも丸見えなんじゃないの!?という一抹の不安が。

けれど実際のところは、「垣根の隙間にへばりついてでも覗こう」という不審者レベルの人でなければ家の中は見えません。それは、ウッドデッキの木の塀のおかげ。外に干している洗濯物すら道路からは見えません。

開放感とプライバシー保護の両者を兼ねそろえた家なのでした！

ブラインドを完全に閉めても中は明るい。半開きなら角度によって視界を遮りいい塩梅。フルオープンもよくやっていますが、外からの視線が気になることはありません。

ウッドデッキに奥行きがあることも、プライバシーを守る大事なポイントに。

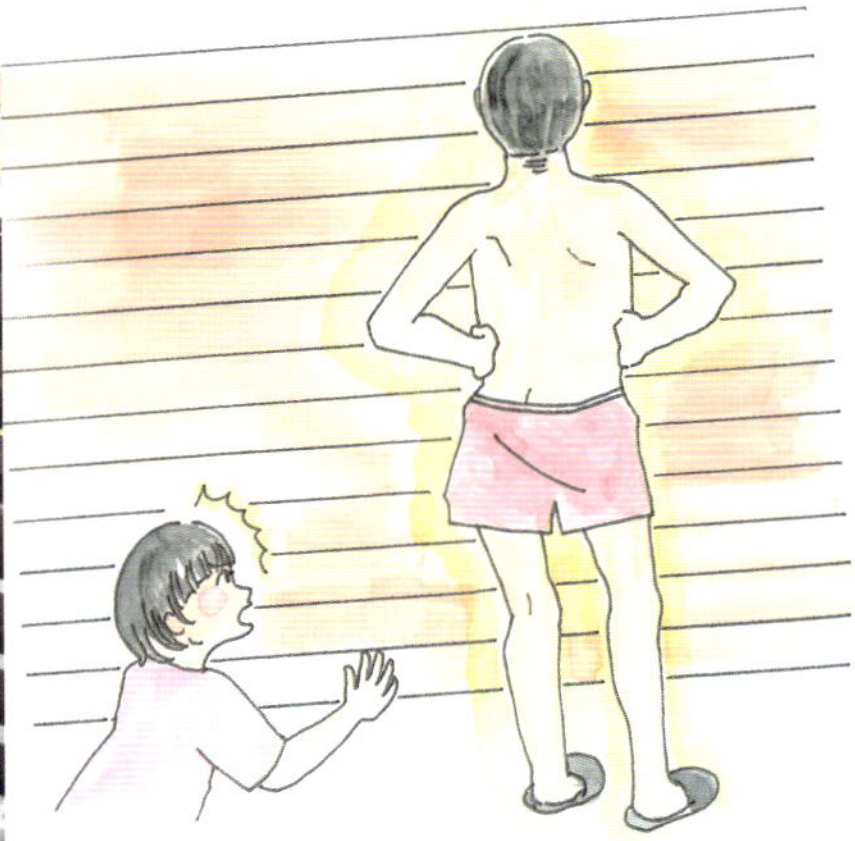

ウッドデッキに出ていても、外にいる人と目が合うことはありません。人通りは多いほうなんだけど、それが気にならないつくり。向こうに自転車が通ってるの、わかる〜？

ウッドデッキとの付き合いも3年を超え、美味しいコーヒーの飲み方を発見しました。ここで、飲むのです。日差しを浴び、風を感じ、コーヒーを味わう…屋外で飲むコーヒーってうまい！　しかもここなら、人目を気にすることなくのんびりできるのです。

　気にしなすぎてついつい、ゴロゴロしてしまう。自由ってこういうことでしょうか。

開放感がすごいのです。

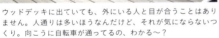

「木の家」素材感レポート

もたれたり、寝転がったり、もっと細かい、素材の部分にフィーチャーします。気になるあの壁この床をレポート!

メインの床

家の大部分を占めるこの床は、天然木を表面に使用したもの。経年変化するにつれ、味が出てきます。色は、ハードメイプルという、明るく、温かみのあるもの。ワックスをかけなくっていいらしい&ものを落としても傷つきにくいので、すっとこどっこいな私的には嬉しいです。

間仕切り

MS板というマットな板。我が家では、玄関とリビングの間、クローゼットの扉、食器棚前の間仕切りの3ヵ所で活躍しています。圧迫感がないのがいいところです。

メインの壁

さわるとちょっとヒンヤリしていて、マット。すごく感じがいい塗り壁です。

階段のアクリルボード

空間を遮らない透明なアクリルボードは、木の家を広々と見せる効果に一役買っています。汚れが付きやすいんじゃない?と不安になるかもしれませんが、手の跡などは柔らかい布に中性洗剤をつけてサッとふけばキレイになります!

木の壁

メインの壁とともに我が家の大部分を占める木の壁。シナ合板でできています。優しい木目が印象的です。この壁からきっと木のいい匂いが出ているのだろうな〜。階段下とか玄関入ってすぐの廊下などで使用されています。

家は私たちと一緒に生きている！経年変化を楽しむ

木の家は、月日を重ねていくごとに柱の色、そして家具の色も少しずつ変わってきています。経年変化を楽しめる家って、一緒に成長していっているようでいいですね。

家や家具それぞれの変化具合が楽しみです。

どんどん飴色になっていきます。

落ち着きのある色味になりました。

「三鷹の家大使」の仕事

大使になってからの毎日は、割と多忙に過ぎました。動画や写真の撮影、家具設置、見学会の開催、イベント参加、他企画との連動等々…。週末には各方面の知人が遊びに来てくれるし、とんと出不精だった我ら夫婦は、**大使になってからたくさんの方々と知り合い、つながりを深めることができたように思います。**

そして、月3～4回のブログ更新。ここでレポートを皆さんにお送りし、質問や感想をいただくなど楽しくやり取りさせていただきました。思いつくまま書いているようで、実は毎回3時間くらいかけていて…。勉強になることも多く、ありがたいの一言なのです。

月3～4回のブログ更新

ブログのイラストを書く時に使っている、けしごむ＆再生紙のスケッチブック（ハガキサイズ）。ちなみに無印の商品シールははがさずにそのまま使う派です。

あみいのおすすめ品
「再生紙週刊誌4コマノート・ミニ A5・88枚」
時々、数量限定で販売しているらしいこのノート、とっても便利なんです。なんかアイデアをためたい人にも。

昔から情報発信が好きで、小中学生のころは勝手に学級新聞的なものを作成してみんなに配っていました。思い返すとハズカシー！

モデルハウスとして、見学会開催

無印良品のインテリアアドバイザーの方々が見学にやってきました。“自分たちが売っている家具を設置している家”に訪れるのが初めてとのことで、活発な質疑応答が繰り広げられました。

講座を受ける

「＋AIR」講座など、この家に関する見識を深めさせていただきました。そうそうたる無印良品の専門家が集合し、素人の我々に丁寧に説明してくれるのです。勉強、大事。

イベントに派遣

無印良品も出展している住宅イベントのレポートにも行きました。他メーカーや有名建築家の住宅、家具なども見られて勉強になる〜。

松本「窓の家」レポート

子どものころ思い浮かべた「家」ってこんな感じ。
雨が降るたび汚れの落ちる外壁で、いつまでも美しい。

2F

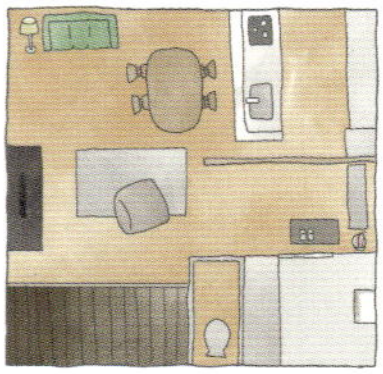

1F

ミニマルデザインを貫いた下駄箱。きれいな四角です。

サッシや窓枠が目立たず、ただ壁がくりぬかれたような「ピクチャーウィンドウ」。

ピーターラビットの故郷に建つ家々にヒントを得たという、「窓の家」。長野県松本市にあるモデルルームを訪れました！　この白い外壁、ひび割れしにくいわ、雨が降るごとに汚れを落とせるわで、長い間きれいなんですって。

この「窓の家」という名称、最初は不思議でした。なぜなら我らが「木の家」の窓のほうが大きいんですもの。しかしそういうことじゃないんだって。必要な場所に必要な窓をつけ、家の中を明るくし、また家の中から見える景色を絵画のように切り取ってくれる。それが「窓の家」なのです。

こちらも木の家と同様、「永く使える、変えられる」というコンセプトで、収納や間仕切りが自由。自然のエネルギーを最大限に活用し、快適な環境を保ってくれる点でもうちと同じでした。

オプションでつけられる、下開き扉のボックスが入っています。目隠しになり、ほこりも入らず。食器をボックスに入れるという発想がなかった！

三鷹の「木の家」と同じく、「壁に埋め込める収納」が。キッチンにも使えるんですね。

キッチンは、人工大理石が標準仕様。木の家のようなステンレスも選べますが、窓の家では白いキッチンが人気だとか。

2階のキッズスペースには「スチールユニットシェルフ」。子どもは学校だ習い事だスポーツだで、ものが増えがち。大容量で応用の効く収納がいいですね。

勉強机の上に、窓が。「ごはん何〜？」「カレーよー！」なんて会話が聞こえてくるようです。

子ども部屋の窓。明るい!!

窓をのぞくと…

子ども部屋からはこんな風に主寝室も見えるのです。「朝だよ〜」「むにゃむにゃ…」みたいな。これぞ"一緒に暮らしてる"ですね。

荒川区「縦の家」レポート

入口と、1階の窓。木の壁が本当に味わい深くて、かっこいい！　年月を重ねて、また色味が変わっていくのだろうな。いいな…。雨に強い三重県産の杉の、さらに防水性の高い芯の部分を豊富に使っているんだって。

3階までつながる小さな吹き抜け。この日は猛暑でしたが、エアコンは吹き抜けの一番上に設置したひとつが稼働しているのみ。涼しい！　エコ！

めちゃめちゃ広い玄関の土間部分では、自転車を整備し放題でしょう。テーブルといすを置いてカフェ風応接室にもいいかも〜。夢、広がる。

ダイニングからの視界。向こうに見える方（開発部長さん）の座っているのがリビングのソファです。縦に長いが奥行きもある！

窓からの光で明るいリビングのソファ。しかしなんとこの窓、北向きなのです！南側は住宅に面して採光できないので、北側に大きい窓で、工夫。

階段の踊り場には書棚が。こんな風に階段に座って本を読む姿をイメージして設置されたそう。おしゃれすぎる。階段に家族で座っておしゃべりとか、意外と盛り上がりそう。

狭小地でもすっぽりと収まる、３階建ての「縦の家」。興味津々で、東京都荒川区のモデルハウスを訪れました。

入ってみると、狭小地の家だというのに３階まで通じる吹き抜けがあるではないですか！　猛暑日にもかかわらず、吹き抜け上部のエアコンを１台稼働しているだけで室内は快適温度。「一室空間」の精神は、このような形状でも貫けるのだと感動いたしました。

このモデルハウス、１階にはバストイレと家事室、２階はリビングとダイニングキッチン、３階は主寝室と子ども部屋、というように配されていますが、どの階にリビングを持ってくるかで、各階の天井の高さを調整できる、というのもさすがです。

私も、建てたいくらい素敵なのです。

…悔しい…。

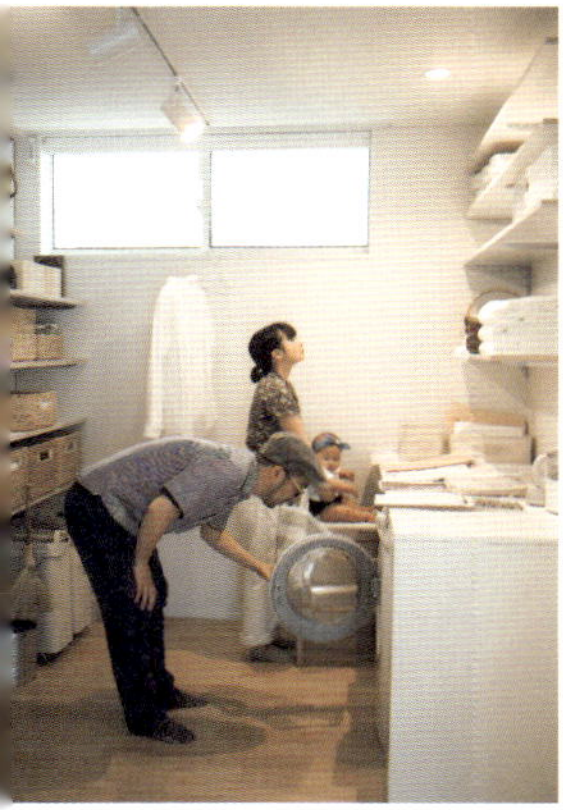

１階ランドリースペースの充実感。洗濯機、着替え棚、リネン、アイロンスペース、ちょっとしたいすなど。居心地よさそう。

リビングの向こうにダイニングとキッチン。のびのびと空間が広がっています。

大使一家による何でもBEST3!

あみいちゃん編

1位

吹き抜けから見下ろすリビング
家族がくつろいでいるところを俯瞰で見られるのって、なんだか幸せ。母として、妻として、神さま目線で上から見ていたいですね。

2位

ベッド
できることならずっと寝ていたい私です。毎日の大切な睡眠を、寝心地のいいベッドでとれる幸福よ。収納、いっぱい入るし。

3位

ウッドデッキのハンモック
ここで揺られているのが大好きです。季節が夏なら南国気分。蚊取り線香は欠かせませんけれども。

のっぴ編

1位

ウッドデッキ
入居当初から、ここにどれだけ手をかけ、ここでどれだけ季節を楽しんできたか…。散髪だって、ここ。使えるったらありゃしません。

2位

キッチン
ステンレスのキッチンは男性もぴったりはまりますな。料理のできる男・のっぴでございます。

3位

お風呂
娘との憩いの時間、お風呂。アヒルで遊んだり、ポスターで遊んだり、平和。

2013年からスタートしたモニター契約ももうすぐ終わる…
そんな年の瀬に発表したお気に入りベスト3です。各メンバーごとに発表します！

妹・ナタリー編

1位

階段

「ちょっと写真撮っただけなのに、グラビア写真っぽくなる」スポット。

2位

体にフィットするソファ

体をすっぽりはめて、思う存分リラックスしていましたよ。リラックスしかしていませんでしたね。

3位

シーリングファン

「天井のプロペラかっこいい」とのこと。 プロペラっていうか…ファンだからね。プロペラだったら…天井飛んでいきそう。

娘（当時1歳）編

1位

リビングのローテーブル

フルオーダーのローテーブル。ここに手をついて何周も何周もしては足を鍛えていました。大きいからいっぱい歩けるよ！

2位

階段

階段を上がるのが半ば趣味でした。スケスケ透明の手すりなので、眺めもいいし、空中の階段みたい〜。

3位

ピアノスペース

鳴り物の気になるお年頃。ピアノが置いてあるこのスペースがお気に入り。2階、あみいちゃんスペースの後ろにございます。

モニターを終えて。この家出て行く？それとも…

無印良品の「木の家」に入居して2年。大使としての活動はもちろん、妊娠出産というビッグイベントもあり、この2年間はこれまでの人生で経験したことがないほど濃密でした。そしてついに、モニター契約が終了します。

この後の選択肢は、「出て行く」「借りて住む」「買う」の3択。**私たちは、買うことを選択しました。**

お値段的に、簡単に決められることではありません。けれど2年住んでみて、きちんと考え抜いて、買おうという結論に至ったのです。

一番の決め手となったのは、なんといっても家の性能。冬の暖かさと、夏の涼しさです。部屋ごとに温度差があるのはストレスなもの。そういうこともなく、どこでも快適でいられるのが大きな魅力でした。

吹き抜け

家中の空気を快適にし、どこにいても家族の息遣いを感じさせてくれる素敵な吹き抜け。高さが開放感も与えてくれます。

とくに気に入ったところ

キッチン

広々として使いやすく、家族とコミュニケーションをとりやすい。機能性もデザイン性も言うことなし。

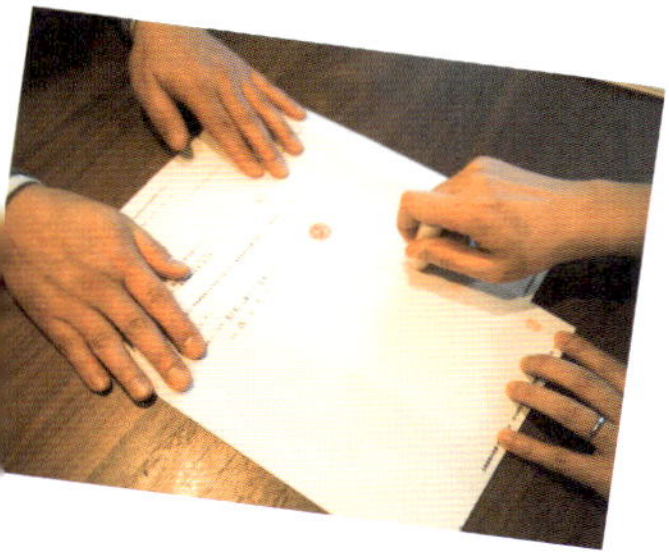

契約を結ぶまでに、たくさんの小難しい話を伺い、サインをし、はんこをつき、これは大変なことだなと再認識しました。家を買うにあたって発生する書類たるや、山のごとし。

これまで家賃無料で住まわせていただいていたこの家。これからはきっちりローンを払って生きていきます。

これからもこの家で、3人でがんばってやっていきたいな。

大使への質問、何でもお答えします！

Q1 大きな窓がある木の家ですが、結露はしませんか？

A

それがちっともしないのです！　理由をMUJI HOUSEの方に聞いてみたら、我が家の窓が断熱サッシだからだとか。ペアガラス（二重）になっていて、内側の熱が外側に伝わるのを防ぐ仕組みのようです。また、一般的な窓枠はアルミでできていますが、木の家は室内側が樹脂でできています。これも結露対策には相当効果があるそうです。

Q2 三鷹の家は、ドアがどれくらいあって、どれくらい区切られているのですか？

A

ドアで区切られた部屋は、脱衣所とトイレのみです。なので、2階は1部屋まるまるドアなし。大型収納部分の引き戸を1枚とカウントするなら、やたらとドアの多い部屋になりますが…。木の家すべてがこういうスタイルというわけではないので、ドアをつけるか、部屋数をどうするかなどは、家を建築する際に自由に考えることができますよ！

Q3 無印良品の家で、防犯上危ないと感じることや、反対にこれは安心ということは？

A

危険といえば、ブラインドを半オープンとかにしているのに、油断して着替えちゃったりしている時でしょうか。窓が大きいので逃げ場がなく。…とか言って、実際には木の塀があるので、外から見えることはありません。安心な点は多いです。たとえば、室内に死角らしき場所があまりない一室空間なので、防犯点検なんかは一瞬で終わります。

ブログには皆さまからたくさんのご質問をいただいておりました。
その中から12このQ&Aをご紹介したいと思います！

Q4 小さな窓の庇はお願いしてつけてもらったのですか？ 雨の時など、あったほうが便利ですか？

A

庇は雨を凌ぐ効果もありますが、一番の目的は夏の日差しを防ぐ効果です！　もちろん、冬は太陽の光を部屋の中にちゃんと取り込めます(96ページ参照)。さらに、すだれをつけるフックがあったりするので、もうこれは、室内の温度管理のために存在しているといっても過言ではないと思います。

Q5 雨の日の雨音はどのような感じですか？

A

我が家はトタンのような外観なので、バチバチ音がすると思われがちですが、実は普通のお宅と変わらず無音なのです！　豪雨の時は、たしかにザーッという音が微かに聞こえますが、それも他の一軒家、マンション、アパートとかとなんら変わりがないのです。

Q6 シーリングファンが気になってます。電気代もどうなんでしょう？

A

三鷹の家に取り付けているシーリングファンは、某アメリカ製のものです。これの1時間あたりの消費電力は、60ワット(W)。24時間×30日連続運転すると、1ヵ月の消費電力量は、43.2kw。これに1kwhあたりの電気代22円(全国平均と言われています)を掛けると、950.4円。これがつけっぱなしにした時の1ヵ月にかかる電気代です。これよりも消費電力の少ない製品もあるようなので、そう考えると、シーリングファン最強です！　シーリングファンだけまわしていても、十分涼しい時があるんですよ。巨大扇風機的な意味合いでも重宝です。本当に自信を持っておすすめします。いつか是非！

さらに

大使への質問、何でもお答えします！

Q7 窓を塞がずに収納を設置する方法ってありますか？

A

木の家には四方八方に窓があるので、2階の壁一面を収納スペースにしたところにも窓があります。「壁に埋め込める収納」（16ページ、32ページ参照）や「ユニットシェルフ」（24ページ参照）は背面がなく向こうを見通せる収納なので、窓があっても大丈夫。洋服の向こうから自然光が差し込んでくる、ありがたい感じの収納になります。

Q8 冬場、足元はスースーしない？

A

室内まで陽がさして、床もぬくもるので床暖房は必要ありません。ポカポカです！　一度温まるとぬくもりをキープしてくれるという家の性能のおかげで、寒がりな私も快適に過ごすことができています。

Q9 吹き抜けを通じて1階と2階でおしゃべりしたりしますか？

A

帰宅したのっぴが下で「疲れた…」なんてつぶやくのが聞こえると、「疲れてんのかー」と2階から登場して、ごはんをよそってあげたりしてます。2階のベッドで娘に絵本『ねないこだれだ』を読んであげていると、仕事に追われて眠れないのっぴが、1階から「おれだよっ」と答えたりしてきます。おかげで娘まで、読んでる最中に「おれだよっ」と言うように…。1階と2階が完全に区切れていてはできないことで、これも吹き抜けのいいところだな～と感じます。

Q10 手すり部分が透明なアクリルボードのせいか、宙に浮いているような階段。落ちたことはないですか？

A ございません！　傾斜はゆるめで、上り下りで危険な感じはないのです。階段を上る娘をリビングから見ていると、娘の顔が見え隠れします。目が合うたびに変顔のバリエーションで笑わせてます。

Q11 2階のベランダは床がスケスケで怖くないのでしょうか？

A ベランダの床が格子状だと、下に射す陽の量が違うんですよね。ハンモックなどをひっかけられるし便利です。怖さは、すぐに慣れてなくなります。下のデッキで洗濯物を干していると、のっぴと娘がベランダの床越しに上から「おーい」なんてやってきて、楽しいです。

2階リラックススペースから出られるベランダ。床が格子になっていて、透け感が子どもに大人気！

Q12 もう一軒木の家を建てられるとしたら、どこをどう変えたいですか？

A もう一回り大きい家にして、娘スペースと自室を大きく取りたいですかね〜！　無印良品の家は、人数や構成、どう暮らしていきたいかによって自由に大きさや形状を選ぶことができるのです。以前有楽町の無印良品で見た、ベッド周りを棚にして間仕切りにする、というのを導入してみたいと思っています。そう言っても、もう一回り大きくだなんて、三鷹でそんな野望はビッグすぎますね…。

無印良品の収納アイテム

これまでご紹介してきた、我が家でとっても活躍している
収納アイテムをまとめました。シンプルであり、サイズや形が豊富なので、
キッチンからリビングまで使う場所を選びません。
どのスペースで何を収納してもばっちり決まるのが
無印良品の収納アイテムです!

壁に付けられる家具・箱・
幅88cm・オーク材
幅88×奥行15.5×高さ19cm/¥5900
P52

壁に付けられる家具・棚・
幅44cm・オーク材
幅44×奥行12×高さ10cm/¥2500
P55

重なるラタン
角型バスケット・中
幅35×奥行36×高さ16cm/¥3500
P31,47

重なるラタン
角型バスケット用フタ
約幅35×奥行36×高さ3cm/¥1200
P31,47

重なるラタン
長方形バスケット・小
約幅36×奥行26×高さ12cm/¥2600
P18,26

※アイテム名、サイズ、価格、掲載ページを記載しています。
※本書に掲載されている情報は2016年4月現在のものです。
商品の価格や仕様などは、変更になる場合もございます。あらかじめご了承ください。

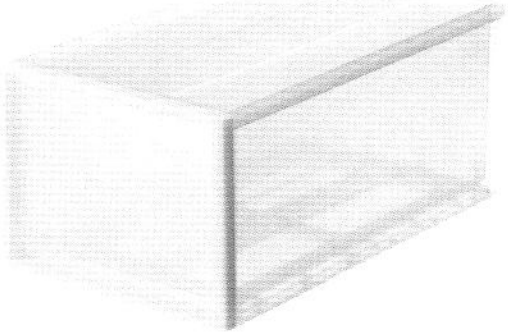

ポリプロピレン
衣装ケース・引出式・深
約幅40×奥行65×高さ30cm／¥1800
P47,84,85

ポリプロピレン
クローゼットケース・引出式・大
約幅44×奥行55×高さ24cm／¥1500
P46

ポリプロピレン
整理ボックス3
約幅17×奥行25.5×高さ5cm／¥200
P48

ポリプロピレン
整理ボックス4
約幅11.5×奥行34×高さ5cm／¥180
P35

ポリプロピレンストッカー
キャスター付・2
約幅18×奥行40×高さ83cm／¥3500
P27

ポリプロピレン
頑丈収納ボックス・小
約幅40.5×奥行39×高さ37cm／¥1300
P27

無印良品の
収納アイテム

ポリエステル綿麻混・
ソフトボックス・L
約幅35×奥行35×高さ32cm／¥1500
P34

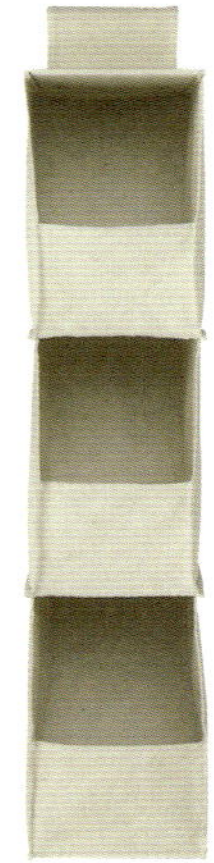

ポリエステル綿麻混
小物ホルダー
約幅15×奥行35×高さ70cm／¥1500
P21

高さが変えられる不織布
仕切ケース・大・2枚入り
約幅22.5×奥行32.5×高さ21cm／¥1000
P85

高さが変えられる不織布
仕切ケース・小・2枚入り
約幅11×奥行32.5×高さ21cm／¥700
P85

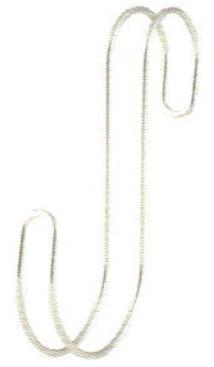

ステンレス
横ブレしにくいS字フック
大・2個
約直径7×1.5×14mm ／¥680
P23

ポリプロピレンケース用
スチロール仕切り板・大
約65.5×0.2×高さ11cm／¥1000
P19

パラグライダークロス
たためる仕分けケース・
中 グレー
約26×40×10cm／¥1100
P53,76

パラグライダークロス
たためる仕分けケース・
小 黒
約20×26×10cm／¥900
P53,76

再生紙バインダー
A4・30穴・
ダークグレー
¥450
P127

再生紙2穴ファイル・
アーチ式 A4・70mm・
ダークグレー
¥600
P36,127

ガラスコットン・
綿棒入れモール
約直径8×高さ12cm／¥840
P35

入浴剤用
詰替広口ボトル
400mℓ／¥300
P35

おわりに
家と一緒に生きていく

ここまで読んでくださった皆さま、本当にありがとうございました。小学生のころから勝手に学級新聞を発行し、中学のころには「A（エース）」という変な雑誌をつくって配っていたところ、知らない子からも「エースの人」って呼ばれるように…。恥をかいた私ですが、ようやく夢が叶って、一冊の本を発行することができました。

モニター期間の2年が過ぎ、ついに自分たちの持ち家となった無印の家。一生付き合っていくのだと思うと、より一層大切に思う気持ちが増しました。ウッドデッキの掃除でも実感したのですが、手をかければその分返ってくる。「木の家」だからこそ、生きていて、私たちを優しく包んでくれているように感じるのです。娘にも、おうちは生きていて、あなたのことを見てくれているよって話しています。

私が暮らしの中で一番大切にしたいのは、家族で時を、空間を、共有して生きていくことです。生活時間帯がバラバラで、平日の会話がろくすっぽできないのっぴですが、帰ってきた気配を布団の中で感じることができる。一緒に暮らしていることを肌身に感じることができるのは、この家だからこそでしょう。優しい木の家に見守られながら、家族でたくましく生きていきたいと思っています。

この本を出すまでにたくさんの人に協力いただきました。MUJI HOUSE斉藤さん、佐藤さん、他多くの皆さま。担当編集のKADOKAWAの植田さん、ライターの矢島さん、デザイナーの千葉さん、カメラマンの林さん。KADOKAWAさんと私をつないでくれた矢崎さんご夫婦。会社を休んで会社で執筆するという異例のスタイルでの出勤を許してくれた有限会社三鷹テントの菊地さん、名取さん、秋ちゃん。感謝してもしきれません。そして北海道のパパ、ママ、おばあちゃん。三重のお父さん、お母さん。静岡にいる妹のナタリー。向かいに住んでるアッコちゃん家族。本当にありがとうございました。あと、とても頼れる夫ののっぴと、かわいい娘のせり。いつもありがとう。そしてこの本を手に取ってくれた皆さま、ありがとうございました。また何らかの形でお会いできたらいいなと思っています。

それでは、アリーヴェデルチ（さよならだ）。

藤田あみい

ところで家はいくらしたの？

みんな気になってると思うけどこればっかりは言えないよ。言えやしないよ。しかし三鷹の土地はすごく高価でびっくりして天井つきぬけた所で大気圏あたりで我に返って戻ってきました。そんな感じでした。ちゃんちゃーん。

キリトリ

ぶっちゃけ無印良品のコト、どう思ってるの….？

あたしのこと どう思ってる…？

正直、熱心なファンとかでは元々ありませんでした。家具とか探して探して、ないわーってなって、最終的に無印良品行って、あ、コレでよくない？ってな感じです。でも無印良品のねらってる所って「無印良品でいいか。」って所らしく、まさしくその術中にハマってる軍団の1人でした。なんかいいよね。スマートで。

藤田あみい新聞 A《エース》 創刊号 vol.1

新聞やらせてくれて、アリガトーっ！

まだ誰にも言ってないオススメの無印良品コーナー

15年後の娘せり。。。こんな風にはまずなってなさそう。

オススメ、色々あるのですが、オーガニックコットン混足なり直角靴下シリーズは、とても好きです。

特にこのライン2本入ってるやつは3色買いましたぞ〜〜♡ 使いやすいしキレイだし、なによりはきやすいですよネ!! あと最近よかったのは娘の肌着。肌あたりがやさしいタンクトップで〜す。

2枚入ってて1000YEN! やわらかい生地で、大好きな娘の肌を守れるって感じでござるよ。あとパンツ。私個人のやつ。Simpleでよいです。一杯買っちゃうよー。あとパジャマ類もよいですよね。なんかね、やさしいんですよね。チェックのパジャマ着てると、自分がとても まともな人間になった気がして….. LOVE♡

今欲しいモノ

自動巻き時計 公園の時計 リストウォッチ

かわいい！シンプル！こういうの求めてたっ！て感じの時計。すごくほしい。

オーガニックシリーズの日焼け止めSPF28

夏に向けてほしいな。肌にやさしそう。いいにおいしそう。

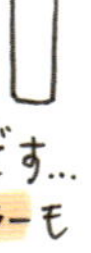

あとコンシーラもほしい。肌あれ隠したいんです…

アイカラーも使ってみたいなー。

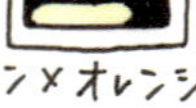

ブラウン×オレンジ すごくつかいやすそっ。ほっし！

あとインヒールスニーカー！意外っ！あるんだ!!と思った。すごくあるきやすかった。ほしい。無印良品週間にかお…。

- トレンチコート 無印良品
- オーガニックコットン クルーネック半袖Tシャツ
- オーガニックコットン混足なり直角 ライン入り ざっくりリブ靴下
- オーガニックコットン ワイドリブニットワッチ
- 自動巻き時計 駅の時計 リストウォッチ
- オーガニックコットン ストレッチデニム ストレートボーイフレンド・ネイビー

無印でコーディネ〜〜〜トォ

MUJI Labo

MUJI Laboが好きです。MUJI Laboは無印良品の洋服の中でもちょいとお値段高めなのですが、素材のさわり心地や形がLove♡ 数年前に買ったスカート、今でも愛用の品です♡ 形がよいのなんの。シャツとかもいつもチェックしてます。こんな形のスカート。

私は服がとても好きでして、夫(のっぴ)から、なんでそんな同じようなの買うの!? などといわれるのですが、毎日違う私でいたいじゃない…とか言ってると男性の同意は永遠に得られなSO!! アチャ〜っる

収納ばんざいのコーナー

再生紙2穴ファイル アーチ式A4 ダークグレー

めちゃめちゃ入るのですこの子。説明書とかをまとめてます。1つのクリアポケットに1つの説明書って感じですぅー。うちには2冊あるよ。説明書が増えてもこわくないよ。もう大丈夫だよ。こっちへおいで。だきしめてあげる。

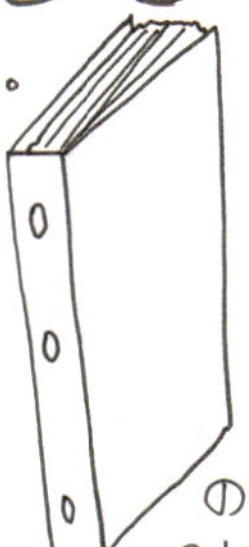

再生紙バインダー A4 30穴 ダークグレー

のっぴ(夫)に、今月から家計の管理はオレがやる!と言われて、あわてて買ってきた一品。こちらもクリアファイルにて、1月ごとのレシートを管理。のちに計算。ほらもう大丈夫。こわくないよ。ダークグレーの色味はカッコイイですね。

ぜんぶ、無印良品で暮らしています。

「無印良品の家」大使の住まいレポート

2016年5月26日　初版第1刷発行

著者　藤田あみい

発行者　川金正法

発行　株式会社 KADOKAWA
〒102-8177　東京都千代田区富士見2-13-3
☎0570-002-301（カスタマーサポート・ナビダイヤル）
年末年始を除く平日9：00～17：00まで

印刷・製本　図書印刷株式会社

ISBN 978-4-04-068429-1 C0077

Printed in Japan　http://www.kadokawa.co.jp/